기획·tvN STORY 〈벌거벗은 한국사〉 제작진
과거의 어느 시간대로든 떠나, 우리나라 역사 속의 중요한 사건과 흥미로운 인물들을 만날 수 있는 '역사 스토리텔링' 프로그램을 만들었습니다. 우리 역사의 장면을 재밌고 흥미진진하게 전달하면, 여러분의 기억 속에 오래 남을 수 있을 거라는 생각으로 만든 것이 〈벌거벗은 한국사〉입니다.

글·이선영
대학원에서 공부를 마치고 어린이책을 만들기 시작했습니다. 어린이들 마음에 우리 문화와 역사를 뿌리깊게 심어 주고, 우리 글의 소중함을 느낄 수 있는 책을 만들려고 애써 왔습니다. 쓴 책으로는 《사시사철 우리 놀이 우리 문화》《연지 곤지 찍은 우리 언니, 부케 든 우리 이모》《금줄 단 금동이네, 이름표 단 튼튼이》《저승으로 간 우리 할아버지, 하늘 나라로 간 우리 할아버지》《도대체 뭐라고 말하지? 말맛 글맛 퐁퐁! 의성어·의태어》《서울대 교수와 함께하는 10대를 위한 교양 수업 3》들이 있습니다.

그림·이효실
중앙대학교에서 한국화를 공부하고 영국 킹스턴 대학교에서 일러스트레이션을 공부한 뒤, 현재 어린이책 그림 작가로 활동하고 있습니다. 차분하면서도 편안한 그림으로 아이들의 마음을 따뜻하게 담아냅니다. 《난 꿈이 없는걸》《쉿! 갯벌의 비밀을 들려줄게》《가족 바꾸기 깜짝 쇼》《좋아서 껴안았는데, 왜?》《부릅뜨고 꼼꼼 안전》《부릅뜨고 똑똑 표지판》을 비롯해 여러 어린이책에 그림을 그렸습니다.

감수·박재우
서울대학교 국사학과를 졸업하고 같은 대학교 대학원에서 박사 학위를 받았습니다. 지금은 성균관대학교 사학과 교수로 일하고 있습니다. 고려 시대의 관료제와 지배층, 무신 정권에 대해 관심을 가지고 연구하고 있습니다. 쓴 책으로는 《고려 국정운영의 체계와 왕권》《고려전기 대간제도 연구》, 함께 쓴 책으로는 《절반의 한국사》《지하철을 탄 서울 인물사》《고려시대사 1》들이 있습니다. 많은 이에게 우리나라 역사를 재미있게 전달하고자 tvN STORY 〈벌거벗은 한국사〉에 출연했습니다.

감수·이명미
서울대학교 국사학과를 졸업하고 같은 대학교 대학원에서 석사, 박사 과정을 마쳤습니다. 지금은 경북대학교 사학과에서 교수로 일하고 있습니다. 주로 정치사를 중심으로 한 고려-몽골 관계사를 연구하고 있습니다. 지은 책으로는 《13~14세기 고려·몽골 관계 연구》《고려, 몽골에 가다》《고려·몽골 관계 깊이 보기》, 함께 쓴 책으로는 《고려 역사상의 탐색》《몽골 평화시대 동서문명의 교류》《새로 쓰는 지역사와 세계사》들이 있습니다. tvN STORY 〈벌거벗은 한국사〉에 출연해 한국사를 알리는 일에 동참하고 있습니다.

초등학생이 꼭 알아야 할 필수 한국사

벌거벗은 한국사

8 고려를 바꾼 무신 정변과 여몽 전쟁

기획 tvN STORY 〈벌거벗은 한국사〉 제작진
글 이선영 그림 이효실 감수 박재우 · 이명미

아울북

기획의 말

'이 땅에서 현재를 살아가는 우리, 이 땅에서 살았을 우리 조상들. 비록 살았던 시간은 다르지만 같은 땅을 딛고 산 수많은 사람들. 그들은 과연 어떤 삶을 살았을까?'
저희는 이러한 질문에서부터 시작했습니다. 그리고 이 궁금증을 어떻게 해결할 수 있을지 고민했습니다. 이런 고민 속에서 우리는 뜻을 모을 수 있었습니다.

〈벌거벗은 한국사〉는 과거행 특급 열차 히스토리 트레인 익스프레스(HTX, History Train Express)를 타고, 한국사 여행을 떠납니다. 반만년 우리 역사의 수많은 사건과 인물이 있는 '역사의 현장'에 도착하지요. 그리고 그 뒤에 숨은 이야기를 벌거벗겨 봅니다.

많은 역사적 사실은 어렵고 딱딱하고 접근하기 어려운 부분이 있지만, 역사의 현장감을 살린 쉽고 재미있는 스토리텔링 방식이라면 한국사를 부담 없이 즐길 수 있을 거예요.

이 책은 방송 프로그램에서 방영되었던 방대한 역사적 사건과 인물들 중 초등학생이 꼭 알아야 할 필수적인 이야기를 엄선했어요. 주인공들과 함께 HTX를 타고 과거로 가 생생한 현장을 마주하고, 매직 윈도로 당시와 현재를 보면서 한국사를 낱낱이 벌거벗기는 여행을 합니다. 이 과정을 통해 어린이는 스스로 '역사 속 주인공'이 되어 몰입할 수 있어요. 역사 지식을 단순히 아는 것에서 나아가 사건과 인물이 처한 환경과 인과 관계까지 파악할 수 있어 역사적 사고력을 키울 뿐만 아니라, 올바른 역사의식도 세울 수 있지요.

그럼, 지금부터 한국사 여행 출발해 볼까요?

등장인물

HTX 기관사 **한역사**
이름에서 풍겨 나오는 역사의 냄새!
한국사를 꿰뚫고 있는 역사 선생님!
선생님이라고 말하지 않으면 옆집 아저씨 같다.
수일 동안 작업실에서 뚝딱뚝딱하더니
HTX 열차를 개발했다. 이쯤이면
역사 선생님인지 과학자인지 헛갈릴 정도!

HTX VIP 탑승객 **고왕국 교수**
한 쌤의 대학교 은사.
한국 고대사 분야에서 독보적인 존재.
삼국 시대의 유적과 유물을 발굴하는
고대사 발굴 팀을 이끌고 있다.

차례

등장인물 · 6
프롤로그 · 10

무신 정변으로 세운 무신 정권

- **1장** 문신의 나라였던 고려 · 18
- **2장** 무신의 세상이 되다 · 46

여몽 전쟁과 무신 정권의 몰락

- **3장** 여몽 전쟁의 시작 · 64
- **4장** 30여 년 여몽 전쟁의 결말 · 90

에필로그 · 116

918	1126	1135	1170
고려 건국	이자겸의 난	묘청의 난	무신 정변

세계사

- 1096 제1차 십자군 원정
- 1115 여진족의 금나라 건국
- 1202 제4차 십자군 원정
- 1206 칭기즈 칸의 몽골 제국 건설과 세계 정복 시작

<벌거벗은 한국사>
방송 시청하기

↙ 6회   ↙ 13회

역사 정보

❶ 시대 배경 살펴보기 · 122

❷ 인물 다르게 보기 · 124

❸ 또 다른 역사 인물들 · 126

· 주제 마인드맵 · 128

벌거벗은 한국사 퀴즈

· 무신 정변 편 · 130

· 여몽 전쟁 편 · 132

· 정답 · 134

사진 출처 · 135

1231	1232	1251	1259	1270
여몽 전쟁 시작	강화 천도	팔만대장경 완성	여몽 전쟁 끝	개경 환도

1232 몽골 장수 살리타이 사망

1271 몽골 제국, 한자식 국호 '대원' 사용 시작

프롤로그

"HTX에 탑승한 걸 환영해요."

한 쌤과 고왕국 박사가 친구들을 두 팔 벌려 반갑게 맞아 주었어요.

"쌤! 오늘은 저희를 어디로 데려가실 건가요?"

"오늘은 좀 긴 여행이 될 거예요. 힘들 수도 있는데 괜찮겠어요?"

"무슨 그런 섭섭한 말씀을! 체력 하면 만세, 만세 하면 체력! 전 체력이 빵빵하게 준비되어 있다고요."

"한국사 마니아인 저 마이클도 질 수 없죠. 오늘도 역사 지식 빵빵하게 준비했다고요!"

만세와 마이클이 너스레를 떨자 다들 한바탕 웃었어요. 그런 뒤 여주가 설레는 표정으로 물었어요.

"아이참, 그래서 어디로 가는 건데요? 궁금하단 말이에요."

"하하, 여주가 좋아하는 역사 드라마의 다음 편을 기다리는 것처럼 마음이 급한가 보네요."

한 쌤이 웃으면서 말했어요.

"저도 너무 궁금해요. 오늘의 여행지는 어디인가요?"

마이클은 벌써부터 수첩을 주섬주섬 꺼냈어요.

"우리가 여덟 번째로 여행할 곳은 바로 고려예요."

한 쌤이 말을 마치자마자 여주가 또 물었어요.

"지난 일곱 번째 여행 때 고려를 다녀왔잖아요. 그때 갔던 고려 말씀이신가요?"

여주가 고개를 갸웃거리자 한 쌤이 대답했어요.

"지난번에 태조 왕건이 고려를 세우는 이야기는 정말 흥미진진했죠? 그런데 오늘은 고려 초기가 아니라 후기로 가요."

이 문화유산에 이번 여행의 주제가 잘 담겨 있어요.

한 쌤이 팔만대장경을 보여 주며 오늘의 주제를 소개했어요.
"팔만대장경은 고려 고종 23년인 1236년부터 1251년까지 무려 16년에 걸쳐 완성한 대장경이에요. 8만여 장이나 되는 목판에 부처님의 가르침인 불경을 하나하나 글자로 새긴 것으로, 대장경판이라고도 해요. 우리나라 국보이자 유네스코 세계 문화유산이지요."

"그런데 팔만대장경은 왜 만든 건가요?"

만세가 묻자 한 쌤이 의미심장하게 대답했어요.

"고려는 한 가지 사건을 계기로 전기와 후기로 나뉘어요. 아주 피비린내 나는 사건이었지요. 그리고 그 사건 후 전쟁이 벌어지는데, 팔만대장경은 그 전쟁과 관계가 있어요."

고 박사가 설명을 이어 갔어요.

"어떤 나라가 침입해 오랫동안 전쟁을 치르면서 고려 백성들은 삶이 무척 힘겨워졌어요. 그 고달픔이 바로 팔만대장경을 만든 계기가 되지요."

그 말을 듣고 만세가 고개를 갸웃했어요.

"어떤 나라가 쳐들어오면 전쟁 준비를 해야지, 왜 한가롭게 팔만대장경을 만든 걸까요?"

그러자 고 박사가 설명했어요.

"일리 있는 생각이에요. 그런데 이런 관점에서 한번 볼까요? 사람들은 자신의 힘으로는 도저히 고통이 해결되지 않을 때 간절히 기도하기도 하지요? 고려 백성들도 마찬가지였어요. 불교의 힘을 빌려 힘든 상황에서 벗어나고자 기도하며 팔만대장경을 만든 거예요. 이 어마어마한 수의 경판, 그 한 자 한 자에 고려 백성들의 간절한 마음이 담겨 있지요."

"자, 오늘 여행에서는 고려사에 한 획을 그은 그 엄청난 사건이 무엇인지, 그리고 고려 백성들은 어떤 외적의 침입에 맞서 싸워야 했는지 그 역사를 벌거벗겨 보려고 해요. 어서 가 볼까요? HTX, 출발!"

한 쌤이 매직 윈도를 누르자 HTX가 서서히 플랫폼을 출발했어요.

1장

무신 정변으로 세운 무신 정권

문신의 나라였던 고려

웬 돌상이에요?

그런데 무신상은 문신상보다 아래에 있네요.

공민왕릉에 있는 석상이에요. 위는 관복을 입은 문신상이고, 아래는 갑옷을 입은 무신상이지요.

그 이유가 바로 이번 여행에 나온답니다!

우리는 지금 1144년 음력으로 섣달 그믐밤, 새해를 맞아 왕이 연회를 베푸는 곳에 왔어요. 고려의 제17대 왕인 인종이 베푸는 연회지요.

이날 한 남자는 많은 사람이 지켜보는 가운데 치욕적인 수모를 당해요. 그것도 자신보다 훨씬 어린 사람에게 말이에요. 이 사건으로 인해 그 남자뿐만 아니라 다른 이들의 마음에도 앙심의 싹이 트지요.

수모를 겪은 남자는 서른여덟 살의 무신 정중부예요. 고려 역사에서 꼭 기억해야 할 이름이지요. 이날 겪은 수모를 평생 가슴속 깊이 새긴 정중부는 훗날 고려의 역사를 바꾸게 되거든요. 대체 무슨 일이 벌어졌던 건지 한번 따라가 볼까요?

무신의 수염을 태우다

"이, 이게 대체 무슨 짓이오!"

한 남자의 성난 목소리가 연회장에 쩌렁쩌렁 울려 퍼졌어요. 목소리의 주인공은 바로 고려의 무신이자 견룡군의 장교인 정중부였어요.

견룡군은 용을 이끄는 군대라는 뜻이에요. 고려에서는 왕을 용의 후손이라고 여겼어요. 즉 견룡군은 왕 가까이에서 왕을 호위하는 군대지요. 정중부는 견룡군 중에서도 실력 있는 인물이었어요. 〈고려사〉에는 정중부에 관해 이렇게 나와 있어요.

견룡군은 지금으로 말하면 청와대 경호실 같은 거네?

고려사
고려 태조부터 마지막 왕인 공양왕까지, 고려 시대의 역사를 기록한 책이다.

키가 7척이면 2미터가 넘는 데다가

"그는 용모가 뛰어나고 흰칠하며 눈동자가 네모났고 이마가 넓었다. 살결이 희고 수염이 아름다웠으며, 신장이 7척이나 되어 그를 바라보는 것이 두려울 정도였다." 〈고려사〉

바라보는 것조차 두려웠다고 하니 덩치가 크고 카리스마가 대단한 인물이었음을 짐작해 볼 수 있어요. 그런 정중부가 왜 느닷없이 연회장에서 소리친 걸까요?

누군가가 정중부의 수염에 불을 붙였기 때문이었어요. 한 젊은 문신이 다가와서는, 역사서에도 기록될 만큼 멋진 정중부의 수염을 태워 버린 거예요. 그냥 장난으로요. 대체 누가 겁도 없이 그런 짓을 벌인 걸까요?

바로 김돈중이라는 문신이었어요. 이제 막 과거에 급제한 새내기 문신으로, 당시 서른여덟 살이었던 정중부보다 나이가 어렸지요. 너무나 무례한 행동에 화가 난 정중부는 그 자리에서 김돈중에게 주먹을 휘둘렀어요.

그런데 그 뒤 정중부에게 더욱 황당한 일이 벌어졌어요. 당시 고려의 왕이었던 인종이 철없는 잘못을 저지른 김돈중은 내버려두고 정중부에게만 벌을 주려고 한 거예요. 여기서 퀴즈!

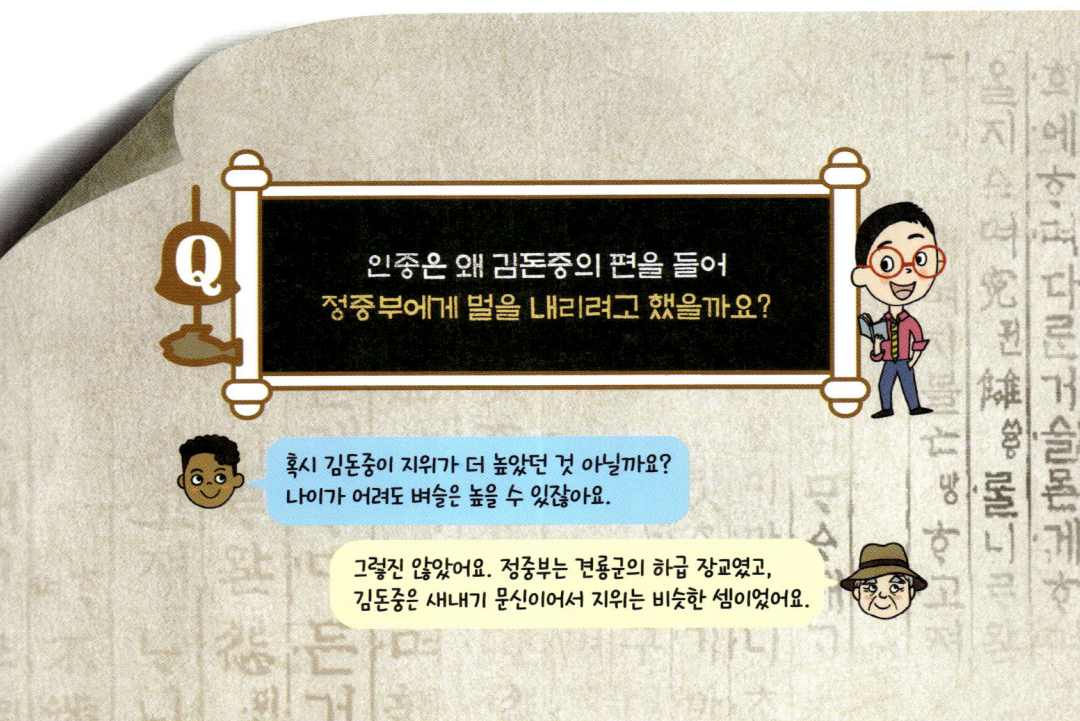

Q 인종은 왜 김돈중의 편을 들어 정중부에게 벌을 내리려고 했을까요?

혹시 김돈중이 지위가 더 높았던 것 아닐까요? 나이가 어려도 벼슬은 높을 수 있잖아요.

그렇진 않았어요. 정중부는 견룡군의 하급 장교였고, 김돈중은 새내기 문신이어서 지위는 비슷한 셈이었어요.

왕은 불장난보다 주먹질이 더 나쁘다고 생각했던 걸까요?

 그것도 아니었어요. 상대를 모욕한 불장난이니까 결코 가볍지 않았어요.

 그렇다면 김돈중의 아버지가 지위가 높았나요?

 정답! 김돈중의 아버지는 고려 최고의 권력가였기 때문에 왕도 함부로 할 수 없었어요.

 쳇, 치사해요. 아버지의 권력을 등에 업고 그런 무례한 짓을 한 거였네요.

 아, 정답을 맞히고도 기분이 좋지 않아. 아버지가 대체 누구였길래요?

 바로 대한민국에서 현존하는 가장 오래된 역사책 〈삼국사기〉를 엮은 사람이에요. 혹시 누군지 아나요?

 저 누군지 알아요! 고구려, 백제, 신라의 역사가 담긴 〈삼국사기〉 하면 바로 김부식이죠!

 맞아요. 김부식은 고려 중기의 대표적인 역사가이자 정치가이기도 했어요. 문신 중에서도 권력이 가장 컸지요. 지금으로 말하자면 국무총리와 비슷한 높은 지위에 있었어요.

감히 이 김부식의 아들을 건드리다니!

김돈중이 정중부에게 맞았다는 소식이 아버지 김부식의 귀에 들어가자, 김부식은 곧장 왕에게 달려갔어요. 그러고는 정중부를 엄벌에 처해 달라고 청했지요.

인종은 인정받는 문필가이자 최고의 권력자인 김부식의 청을 무시할 수 없었어요. 당시 인종이 얼마나 김부식을 예우했는지를 알 수 있는 사건이 하나 있어요. 김돈중은 과거 시험에 2등으로 합격했는데, 왕이 그를 손수 1등으로 올리고 곧장 내시 자리에 앉혔어요. 김부식의 아들이라 특별 대우를 해 준 거예요.

 **HTX VIP 보태기**

고려 시대의 내시
고려 시대의 내시는 잡일을 하는 환관이 아니었어요. 이때 내시는 왕 가까이에서 일하는 사람으로, 과거나 음서를 통해 선발된 문신들이 담당했지요. 고려 시대에 내시가 된다는 것은 출세가 보장된 엘리트 코스를 밟는 것과 같았어요.

이런 김부식의 청이었으니, 이번에도 인종은 갈등했지요. 하지만 정중부의 됨됨이를 남다르게 여겼던 왕은 정중부에게 벌을 내리는 것이 영 내키지 않았어요. 그래서 고민 끝에 정중부를 몰래 도망치게 했지요.

어린 김돈중에게 치욕스러운 수모를 겪고도 달아날 수밖에 없었던 정중부의 마음은 어땠을까요? 고려의 역사를 담은 〈고려사절요〉에는 당시 정중부의 마음이 이렇게 기록되어 있어요.

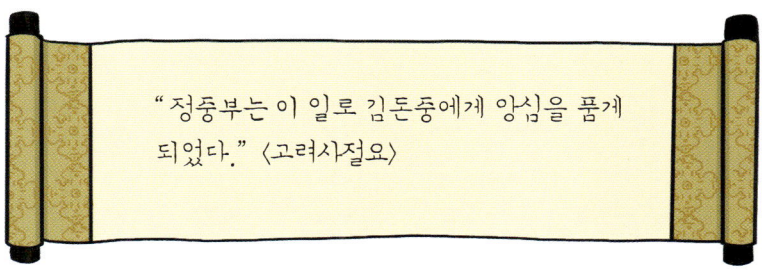

"정중부는 이 일로 김돈중에게 앙심을 품게 되었다." 〈고려사절요〉

앙심을 품은 것은 정중부뿐만이 아니었어요. 김돈중 사건은 다른 무신들이 문신들에게 큰 분노를 품게 되는 결정적인 계기가 되었어요.

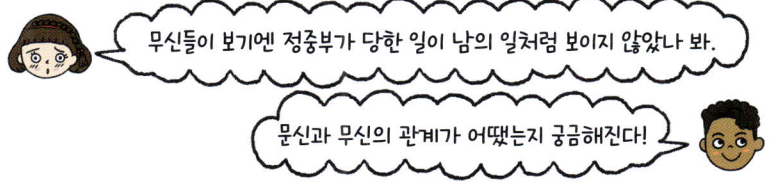

무신들이 보기엔 정중부가 당한 일이 남의 일처럼 보이지 않았나 봐.

문신과 무신의 관계가 어땠는지 궁금해진다!

무신을 업신여긴 문신

고려는 문신의 나라였어요. 고려의 역사를 살펴보면, 문신들이 나라의 성장과 발전에 큰 역할을 했던 것을 알 수 있어요.

고려는 918년 왕건이 건국했어요. 태조 왕건은 통일 신라 말에 한반도를 통일하고는 고려라는 나라를 세웠지요. 그 뒤 4대 임금에 오른 광종은 과거 제도를 실시해서 공정한 시험으로 사람을 뽑았어요. 그러면서 고려에 능력 있는 문신들이 대거 등장했지요.

11대 임금인 문종 때에 이르러서 고려는 그야말로 문화의 황금기를 맞았어요. 정치와 경제가 발전하는 것은 물론 불교와 유교도 꽃피웠고, 공예를 비롯해 문화 예술 전반에서도 큰 진전을 이루었지요. 이렇게 되기까지 여러 방면에서 문신들의 활약이 컸습니다.

문신들은 심지어 전쟁의 영역에서도 두각을 드러냈어요. 문무를 겸비한 문신들은 군사 지휘관이 되어 전쟁에 나서기도 했거든요. 이런 분위기 속에서 고려에서는 자연스럽게 무신보다 문신의 지위가 높아졌고 무보다 문을 더 중시하게 되었어요.

그런데 고려에서는 언제부터 이렇게 무신과 문신을 나누었을까요? 고려 초기만 해도 이 둘을 체계적으로 나누지 않았지만

HTX VIP 한국사 보태기

군사 지휘관 역할을 해낸 고려의 문신들

고려의 여러 문신은 전쟁에서도 큰 공을 세웠어요. 군대의 총사령관을 문신이 맡아 전투를 이끌어야 했거든요. 그럼 문신이면서 전쟁에서 활약한 인물들을 살펴볼까요?

서희(942년~998년)

거란이 침입했을 때 거란 장수 소손녕과 담판을 지어 고려에 유리한 강화를 맺었어요. 이듬해에는 여진을 몰아내기도 했지요.

강동 6주를 주면 거란과 교류하지요.

강감찬(948년~1031년)

거란이 침입했을 때 귀주 대첩에서 큰 승리를 거두었어요. 강감찬도 원래 과거를 통해 관직에 오른 문신이었어요.

우리 고려는 거란에 맞서 싸운다!

김부식(1075년~1151년)

김부식은 묘청이 수도를 옮기자며 서경 천도 운동을 일으켰을 때, 나서서 이 반란을 진압했어요.

수도를 옮긴다니 난 반대일세.

윤관(1040년~1111년)

별무반이라는 군대를 만들어 여진족을 정벌하고 동북 9성을 쌓은 윤관 역시 문신 출신 학자였어요.

여진에 대비하려면 정예 부대를 만들어야 합니다!

사회가 점점 발전하면서 그 구분이 강화되었어요.

고려에서는 크게 무반과 문반을 나누었어요. 무반은 오늘날 군인, 경찰과 같은 일을 하는 무신이 속한 곳이고, 문반은 공무원, 법관, 국회 의원 같은 일을 하는 문신이 속한 곳이에요. 무반과 문반을 합쳐 양반이라 불렀지요.

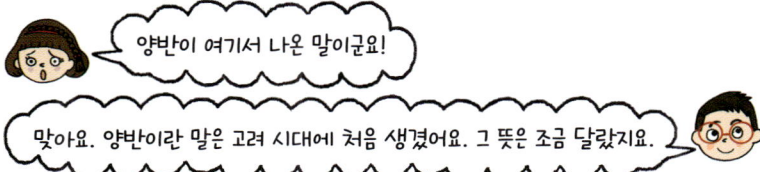

그런데 문반과 무반은 똑같이 대접받지 않았어요. 벼슬에서부터 차이를 두었지요. 고려는 관직을 1품부터 9품까지로 나누고, 같은 품계 안에서도 '정'과 '종'으로 나누어 총 18개로 구분했어요. 이 중 최상위 등급인 1품과 2품에는 대부분 문신만 오를 수 있었어요. 무신들은 3품까지밖에 오를 수 없었어요.

또한 종1품과 정·종2품에는 '재추'라는 관직이 있었는데, 이것도 대부분 문신만 할 수 있었어요. 국가 정책을 논의하는 관직인 재추는 왕 다음으로 높은 자리였어요. 재추들은 왕과 함께 국가의 중대사를 논의하고, 왕의 결정을 돕는 일을 했어요. 재추 회의는 당시 최고 국정 논의 기구였어요. 제아무리 왕이라고 해도 재추 회의 없이 중요한 사안을 마음대로 결정할 수

↑ 고려의 관직 품계

없었지요. 하지만 무신들은 1품과 2품에 오를 수 없었기에 재추 회의에도 참여할 수 없었어요.

고려에서는 왜 이렇게 무신과 문신을 차별했을까요? 고려 전기의 문신들은 똑똑할 뿐만 아니라 뛰어난 전략으로 전쟁에서도 활약했어요. 그에 반해 무신들은 독서를 전문으로 하는 사람들이 아니다 보니 문신들에 비하면 지식이 부족했어요. 게다가 가끔 양인이나 천민이 전쟁에서 공을 세우면 무신이 되기도 했지요. 무신을 주로 배출한 가문에서 나오는 다른 무신들에 비하면 이들은 배움이 많이 짧았어요.

또한 고려에서는 2품 이상 재추와 문무 3품 이하의 관직을 구분해서 생각했어요. 2품 이상 재추는 문무를 초월해서 왕과 함께 국정을 논의하는 사람으로 보았어요. 국정을 논의하는 데에는 무술 실력이 좋은 사람이 아니라 독서를 많이 한 사람이 필요하니, 재추 관직을 문반 위에 둔 것이지요.

고려 초반에는 거란과 전쟁을 하거나 여진을 정벌하는 등의 일이 잦았기 때문에 무신들의 역할이 중요했어요. 하지만 점차 나라가 안정되고 외적의 침입이 줄면서 무신의 역할이 줄어들었어요. 전쟁을 치를 일은 적어졌는데, 왕과 문신이 경전으로 토론하거나 시를 주고받는 일은 많아졌어요. 문장 능력을 높이 평가하게 되면서 문신들은 점차 무신들을 업신여기게 되었지요. 그런 분위기 속에서 김돈중 사건이 일어난 거예요.

힘이 센 문벌들

고려 중기로 접어들면서 고려는 문신 중에서도 문벌들의 힘이 무척 큰 사회가 되었어요. 문벌이란 대대로 재추를 배출한 가문을 말해요. 고려를 건국할 때부터 있었던 지방 호족이나 신라의 유학자 가문이 점차 문벌이 되어 갔지요. 이들은 과거

제와 음서를 통해서 중앙으로 진출해 권력을 쥐었어요. 음서란 과거 시험을 보지 않고도 관리가 될 수 있는 제도예요. 주로 공을 세우거나 5품 이상 높은 벼슬자리에 있는 관리의 자손들이 음서의 혜택을 받았어요. 권력을 장악하고 부를 쌓은 문벌들은 사회 곳곳에서 문제를 일으켰어요.

그 대표적인 사건이 바로 이자겸의 난입니다. 고려 중기의 문신이었던 이자겸은 딸들을 당시 왕이었던 예종 및 인종과 혼인시켰어요. 그렇게 해서 인종의 외할아버지이자 장인이 된

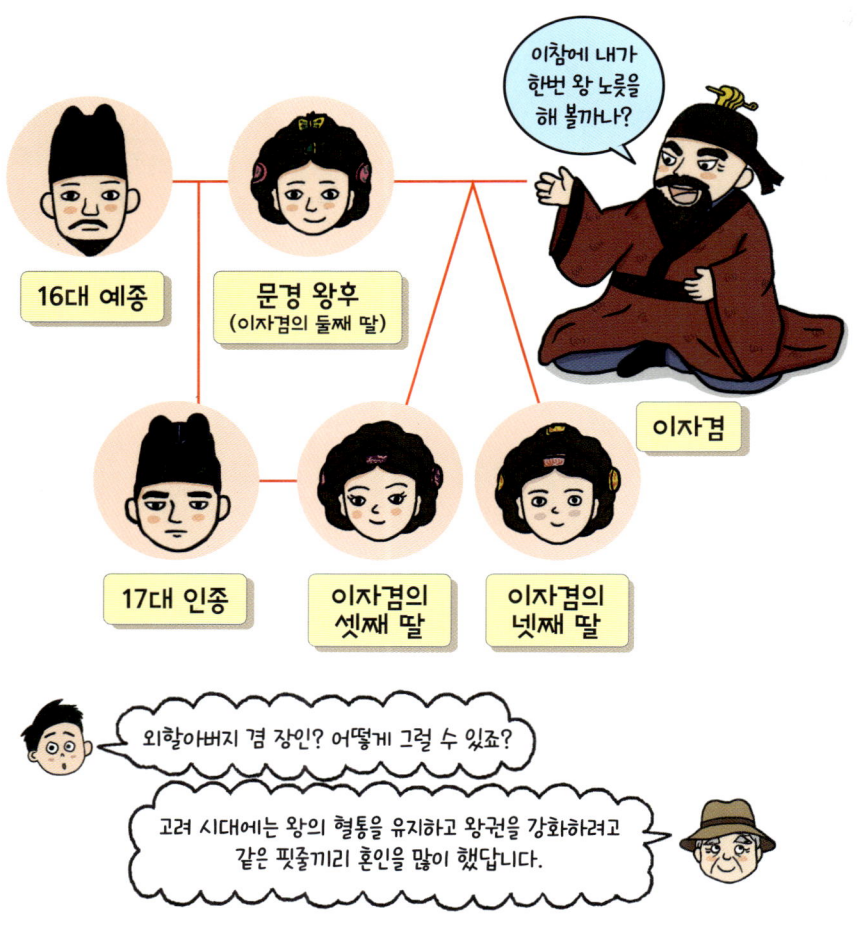

이자겸은 왕보다 더 대단한 권세가가 되었어요.

1126년에 인종은 권력이 크고 왕권을 위협하는 이자겸을 제거하려고 했어요. 하지만 눈치 빠른 이자겸은 도리어 인종을 없애 스스로 왕이 되려는 야심을 품었어요. 그리하여 군대를 이끌고 궁궐에 침입하여 인종을 가두었어요. 그런 뒤 인종을 독살하려고 했지요. 독살 시도는 한 번이 아니라 여러 차례 했습니다.

하지만 인종은 이자겸의 넷째 딸인 왕비의 도움으로 가까스로 죽음의 위기에서 벗어날 수 있었어요. 또한 이자겸과 함께 난을 일으킨 척준경이라는 자를 회유하여 이자겸을 치는 데에 성공했지요. 마침내 이자겸을 유배 보내면서 사건은 수습되었어요.

하지만 이자겸의 난으로 궁궐이 불에 타고 왕권이 땅에 떨어지자 고려의 관료 사회는 술렁거리기 시작했어요. 이런 분위기 속에서 또 한 번 난이 일어났어요. 이번에는 승려였던 묘청이 일으켰습니다.

묘청은 고려의 수도를 개경에서 지금의 평양 지역인 서경으로 옮겨야 한다고 주장했어요.

"개경은 이제 땅의 기운이 쇠하였습니다. 서경으로 수도를 옮겨야 고려가 앞으로 더욱 발전할 수 있습니다."

풍수지리에 밝은 묘청의 제안에 왕도 솔깃했어요. 물론 묘청에게는 또 다른 속셈이 있었어요. 이참에 수도를 옮겨서 개경 세력을 견제하고자 한 것이지요.

 묘청은 말로만 주장한 것이 아니라 실제로 서경에 새로운 궁궐인 대화궁을 지었어요. 그런 뒤 인종을 데려오려고 했지요. 하지만 개경 세력의 반대로 실패하고 말았어요. 그러자 묘청은 서경을 중심으로 난을 일으켰어요.

 묘청은 서경에서 1년 넘게 항전을 계속했으나 1136년 2월, 서경성이 함락되고 지도자들이 스스로 세상을 떠나면서 난은 끝이 났어요. 이때 난을 진압하는 데에 큰 공을 세운 이가 바로 개경 세력의 대표 인물인 김부식이지요. 묘청의 난 이후, 개경 세력을 견제하던 서경 세력은 힘이 약해졌어요. 반대로 개경 세력의 힘은 더욱 커지게 되었습니다.

연회에 빠진 의종

고려 왕조에서는 문벌들을 견제하기 위해 무신들을 키우기 시작했어요. 특히 고려의 제18대 왕이자 인종의 아들인 의종은 국왕 친위군을 양성하며 무신을 중용하는 정책을 펼쳤어요.

의종이 무신을 키우는 데에는 또 다른 이유도 있었어요. 의종은 인종의 맏아들로 태어났지만, 부모에게 별로 인정받지 못했어요. 아버지 인종은 이자겸의 난과 묘청의 난을 겪은 터라 문벌들에 휘둘리지 않을 똑똑한 자식이 왕이 되기를 바랐어요. 하지만 의종은 어린 시절부터 공부보다 놀기를 더 좋아했지요. 인종은 의종을 왕의 재목으로 탐탁지 않게 여겼어요. 게다가 의종의 어머니마저 의종보다 둘째 아들을 더 편애해서 그를 태자로 삼고 싶어 했어요. 이러한 부모의 마음을 알아차린 의종의 마음은 어땠을까요? 〈고려사〉에는 이렇게 기록되어 있어요.

"처음 태후가 둘째 아들을 사랑하여 그를 태자로 세우고자 하였으므로 그런 까닭에 왕이 원망하였다." 〈고려사〉

 이런 사정으로 태자 시절 의종이 왕이 되지 못할까 불안해할 때, 스승인 정습명이 그의 편이 되어 주었어요. 정습명은 김부식과 함께 〈삼국사기〉 편찬에 참여했던 곧은 신하로, 인종의 신임이 무척 두터웠어요. 그런 그가 의종의 편을 들어, 의종이 왕위에 오르면 자신이 잘 보필하겠다며 힘을 보태면서 의종은 왕이 될 수 있었지요.

 가까스로 왕이 된 의종은 문벌들에게 휘둘린 아버지 인종과 다르게 자신의 자리를 굳건히 지키고자 했어요. 그래서 곁에서 힘이 되어 줄 무신 세력을 키우기 시작했지요. 그중 하나가 바로 견룡군이었어요.

 의종은 정중부 같은 무신들을 견룡군으로 들여 힘을 실어 줌으로써 조정 내 문신들의 세력을 약화시키고자 했어요. 하지만 문벌과 문신들이 강하게 반발해 성공하지 못했어요.

 의종은 다음 방편으로 왕의 최측근인 환관과 내시의 힘을 키우고자 했어요. 환관은 조정의 신하들을 견제하는 역할을 했는데, 이런 이들에게 관직을 주어 힘을 실어 준 거예요.

또 의종은 가까운 세력들을 모아 연회를 베풀며 시를 주고받는 연회 정치를 펼쳤어요. 여기에는 문신들이 함께했어요. 이때 의종은 문신들에게 선물도 주면서 자기편으로 만들고자 했지요.

그런데 연회는 날이 갈수록 그 성격이 바뀌어 갔어요. 의종이 골치 아픈 정치는 손을 놓고 오로지 연회의 즐거움에만 빠져든 거예요. 의종은 사치와 향락을 일삼기 시작했지요.

의종은 배에서 밤낮을 가리지 않고 시를 짓고 술을 마셨어요. 〈고려사〉에는 연회 다음 날, 신하들이 모두 크게 취해 모자에 꽃을 잔뜩 꽂은 채 수레에 거꾸로 실려 나왔다는 기록도 있어요. 참다못한 한 신하는 왕에게 이렇게 말했어요.

"아침부터 밤늦게까지 폐하를 호위하느라 군사들이 굶주리고 피곤한데, 어찌 그리 즐거우십니까! 밤이 또한 어두운데 구경할 것이 무엇이 있다고 여기서 이리 오래 머무르시나이까!"

그 말을 들은 왕은 불쾌해하면서 연회를 박차고 나왔어요. 그

 **HTX VIP 보태기**

의종이 연회에 들인 사치

의종의 사치는 심각할 지경이었어요. 의종은 나들이 때 머물 별궁인 이궁을 짓고는 연못을 만들고, 정자를 세우고, 아름다운 꽃과 돌로 사치스럽게 장식했어요. 그러고는 연못에 배를 띄워 뱃놀이를 즐기며 시를 짓고 놀았지요. 특히 자신의 생일에 열었던 연회는 무척이나 화려했는데 〈고려사〉에는 수놓은 비단으로 배를 장식하고 비단 돛을 만들어서 뱃놀이를 했다는 기록이 있어요. 이 배는 재물을 낭비하고 백성들을 쥐어짜 3년 동안 만들었다고 합니다.

때는 이미 새벽녘이었다고 해요. 이런 의종을 떠나는 신하들이 하나둘 늘어났어요. 결국 의종 곁에는 그의 환심을 사려는 환관과 내시, 측근인 문신만 남게 되었지요.

왕이 연회를 즐기는 동안 견룡군은 무얼 했을까요? 견룡군은 왕을 호위하느라 많은 고생을 했어요. 계절과 상관없이 밤낮으로 열리는 연회를 위해 여름에는 뙤약볕 아래에서, 겨울에는 추위에 벌벌 떨고 비바람을 맞아 가며 호위를 해야 하니 무척이나 고단했지요. 꼭 호위가 아니더라도 견룡군은 대부분 문장 실력이 부족했던 터라 연회에 참여하기는 어려웠어요. 왕의 측근이건만 연회에서는 소외된 거예요.

하급 군인들도 마찬가지였어요. 이들은 무신들과 함께 호위를 서거나 연회를 위해 정자나 연못을 만드는 데 손을 보태야 했어요. 이들은 원래 군인전이라는 토지를 받아 먹고살았는데, 나라에서 나누어 줄 토지가 부족해지자 군인전을 받지 못하는 군인들도 생겼어요. 그래서 끼니를 잇기 힘든 군인들도 생겨났지요. 이런 상황이니 온갖 일에 동원되어 힘들게 일해야만 했던 하급 군인들의 불만은 날로 커져 갔어요. 그렇게 소외당하던 무신들과 군인들 사이에 불만이 한층 더 쌓이는 사건이 발생하게 됩니다.

하급 군인의 힘겨움

고려 중기, 의종은 연회만 즐기며 백성들을 돌보지 않았어요. 이 무렵 하급 군인들의 생활은 무척 곤란했다고 해요. 당시의 모습을 알려 주는 일화를 하나 들려 줄게요.

정변을 꾀하는 삼인방

1167년 1월 14일, 의종이 절에서 연등회를 마치고 돌아오던 밤이었어요. 갑자기 의종의 가마 옆으로 화살이 우수수 떨어졌어요. 그걸 본 의종은 깜짝 놀라 말했어요.

"대체 누가 이런 짓을 저질렀단 말이냐! 당장 내 눈앞에 잡아들여라!"

의종은 궁궐로 돌아가자마자 범인을 잡기 위해 길거리 곳곳에 방을 붙이라고 명했어요. 그 방의 내용은 이러했어요.

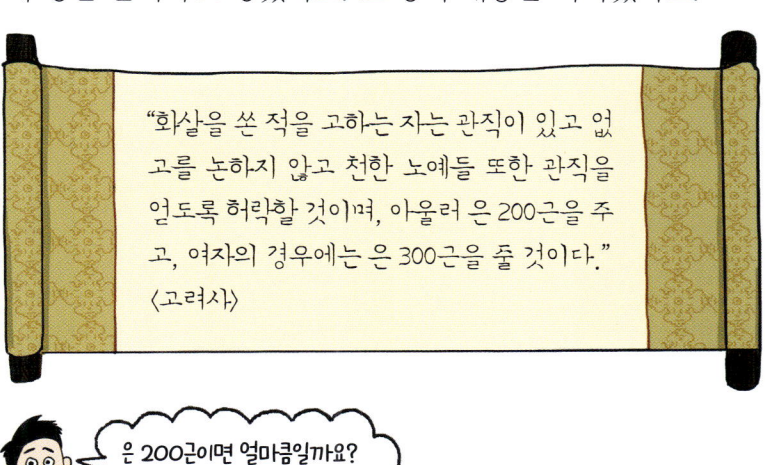

"화살을 쏜 적을 고하는 자는 관직이 있고 없고를 논하지 않고 천한 노예들 또한 관직을 얻도록 허락할 것이며, 아울러 은 200근을 주고, 여자의 경우에는 은 300근을 줄 것이다."
〈고려사〉

은 200근이면 얼마큼일까요?

1근이 600그램이니까 200근이면 120킬로그램쯤 되지.

의종은 누군가가 자신을 해칠지 모른다는 불안에 견룡군 말고도 내순검군이라는 새로운 친위대까지 만들었어요. 내순검군에게 밤낮으로 궁궐을 순찰하게 했지요.

그런데 아무리 조사하고 기다려도 범인의 단서조차 나오지 않자 왕은 재추들을 질책하기 시작했어요. 그러자 재추들은 범인으로 의심되는 자를 모조리 잡아 왔어요. 그 가운데에는 의종의 어머니가 태자로 삼고 싶어 했던 의종 동생의 하인들도 있었어요. 그 하인들은 가혹한 심문을 받고는 자신들이 범인이라고 거짓 자백을 하고 말았어요. 그러자 의종은 그들의 목을 베어 버렸지요.

처벌은 여기서 끝나지 않았어요. 의종은 왕을 제대로 지키지 않은 벌로 견룡군 장교 14명을 유배 보내 버렸어요. 왕을 호위했던 무신들까지 처벌을 받은 거예요.

그런데 진짜 범인은 대체 누구일까요? 사건의 진실은 이랬어요. 연등 행사를 마치고 돌아오던 그날, 왕의 비서인 좌승선은 왕의 가마에 붙어 따라가고 있었어요. 그런데 갑자기 어디선가 징과 북소리가 울렸고 그 소리에 좌승선이 탄 말이 깜짝 놀라 날뛰다 다른 군사와 부딪혔어요. 그 순간, 군사의 화살통에 든 화살이 왕의 가마 옆으로 쏟아져 버린 거였어요.

좌승선은 화가 난 왕 앞에서 차마 자신의 실수라고 말할

수 없어 입을 다물었지요. 그 탓에 애먼 사람들이 누명을 쓴 채 억울하게 목숨을 잃었고, 견룡군 장교들까지 유배를 간 거예요.

남들이 자기 죄를 뒤집어쓰고 있는데도 모르쇠로 버틴 좌승선은 대체 누구일까요? 그는 바로 정중부의 수염을 태운, 김부식의 아들 김돈중이었어요.

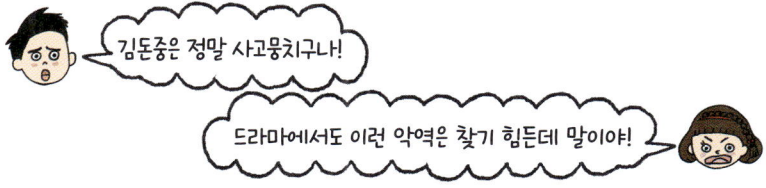

그 뒤로 의종은 성 밖으로 나가 연회를 즐기는 일을 자제했을까요? 그러지 않았어요. 왕의 연회는 계속되었고, 무신들은 멸시 속에서 호위해야만 했어요.

견룡군의 하급 지휘관이었던 이의방과 이고는 더 이상 참을 수가 없었어요. 마침내 둘은 정변을 일으키기로 뜻을 모았어요. 그러고는 정변을 이끌 힘 있는 인물을 찾아 나섰어요.

먼저 정3품 상장군의 아들이자 신념이 곧은 무신 우학유를 찾아갔지요. 하지만 정변을 일으키자는 제안에 그는 이렇게 말했어요.

"내 아버지께서 늘 말씀하시길, 무관이 문관에게 굴욕을 당한 지 오래되었으니 어찌 분하지 않겠냐만 문관이 해를 당하면 그 화가 우리에게도 미칠 것이니 참아야 한다고 하셨다."

우학유는 문신들을 함부로 건드리면 오히려 해를 당할 수 있다며 정중히 거절했어요.

그런데 의종 24년인 1170년 4월 어느 날이었어요. 이날도 왕은 문신들과 연회를 즐기고 있었어요. 그때 둘의 눈에 들어온 한 인물이 있었어요. 문신들에게 오랜 원한이 있는 인물, 바로 정중부였지요. 정중부는 이제 무신 가운데 가장 높은 자리인 정3품 상장군에 올라 있었어요. 수염 사건으로 문신들에게 굴욕을 겪은 지 26년이나 지난 후였지요. 정중부라면 정변을 거절할 까닭이 없어 보였습니다.

이의방과 이고는 정중부에게 다가가 말했어요.

"문신들은 우쭐대며 취하도록 술을 마시고 배부르게 음식을 먹는데, 무신들은 모두 굶주리고 피로하니 이것을 어찌 참을 수 있습니까!"

"맞아요. 언제까지 저들을 따라다니며 호위해야 한답니까! 나랏일에는 관심 없고, 우리를 얕잡아 보는 저들을 위해서요."

그 순간 정중부의 머릿속에서는 김돈중이 수염에 불을 붙이던 수모의 순간이 주마등처럼 지나갔지요. 셋은 왕이 연회를 갈 때 종종 들르는 보현원에서 거사를 치르기로 뜻을 모았어요. 그로부터 넉 달 후, 드디어 기회가 찾아왔어요.

무신 정변으로 세운 무신 정권
무신의 세상이 되다

무예를 겨루는 오병수박회에서 무신들의 분노가 극에 달했거든요.

뭘 하는 장면일까요?

우리나라 전통 무예인 씨름과 택견을 겨루는 중이에요. 전통 무예는 무신 정변과 밀접한 관계가 있지요.

우리는 지금 1170년 8월 30일, 보현원으로 가는 길목에 도착했어요.

의종은 궁궐에서 멀리 떨어진 곳으로 연회를 가는 길에 보현원에서 하룻밤 머무르기로 했어요. 그런데 가다 말고 갑자기 가마를 멈추고는 술자리를 벌였어요. 그리고 술자리가 무르익자 좌우를 둘러보더니 이렇게 말했어요.

"이곳은 병법을 연습하기에 좋은 곳이로구나. 여기서 오병수박희를 열어라."

예정에 없던 무예 행사를 열라는 것이었어요. 오병수박희는 무신들이 무예를 겨루는 대회로, 수박희는 손질과 발질로 상대편을 제압하는 우리나라 전통 무예예요. 그런데 이 오병수박희에서 정변에 대한 무신들의 열망이 더욱 활활 타올랐지요. 대체 무슨 일이 있었던 걸까요?

모욕을 당한 무신

의종은 왜 갑자기 오병수박희를 열라고 했을까요?

의종은 무신들의 불만을 익히 알고 있었어요. 자신을 호위하느라 하루 종일 땡볕에 시달리고, 문신들에게 멸시당한다는 것을 말이에요. 그래서 오병수박희를 열어서 무신들 가운데 뛰어난 사람을 뽑아 상을 주고, 관직을 내리거나 승진시켜서 무신들에게 힘을 북돋아 주려고 했지요. 물론 무신들이 곧 정변을 일으킬 마음을 먹고 있다는 것은 전혀 눈치채지 못했어요.

그렇게 오병수박희가 열렸고 왕과 문신들은 경기를 보며 마냥 즐거워했어요. 그러던 차에 한 가지 사건이 벌어졌어요. 대장군 이소응과 한 젊은 장수가 맞붙게 되었는데, 한참을 겨루던 중 나이 많은 이소응이 힘이 달린 나머지 시합 도중에 꽁무니를 빼고 달아났어요. 그러자 구경하던 문신 한뢰가 벌떡 일어나 이소응의 뺨을 힘껏 때렸어요. 이소응은 섬돌 아래로 굴러떨어지고 말았지요.

당시 이소응의 지위는 종3품 대장군이었고, 한뢰는 종5품 문신이었어요. 한뢰가 이소응보다 지위도 한참 낮고, 나이도 어렸지요. 그런 한뢰가 이소응의 뺨을 때린 거예요. 아마도 오

병수박희를 통해 무신들이 승진하거나 왕의 총애를 받을까 봐 경계했던 모양이에요. 그래서 이런 행동으로 무신들에게 모욕을 주려고 한 것이지요.

한뢰는 거기서 그치지 않고 크게 호통을 쳤어요. 그러자 왕과 다른 신하들도 여기저기서 비웃었지요. 이소응은 얼굴이 시뻘게졌어요. 대장군인 자신이 젊은 문신에게 뺨을 맞은 것도 모자라 다들 보는 앞에서 멸시를 당하다니, 분노가 치밀었지요.

그 순간 정중부가 한뢰에게 버럭 소리쳤어요.

"이소응은 비록 무신이나 관직이 종3품인데, 어찌 이렇게까지 심하게 모욕을 하는가!"

그의 말에 의종은 급히 정중부의 손을 잡고 달랬어요.
"한뢰의 무례함을 참거라."
이때 이고가 정중부에게 눈짓을 했어요. 무신을 욕보인 문신들을 당장이라도 한칼에 베어 버리겠다는 눈짓이었어요. 정말로 이고는 손으로 칼을 쥐고 있었어요. 여기서 퀴즈!

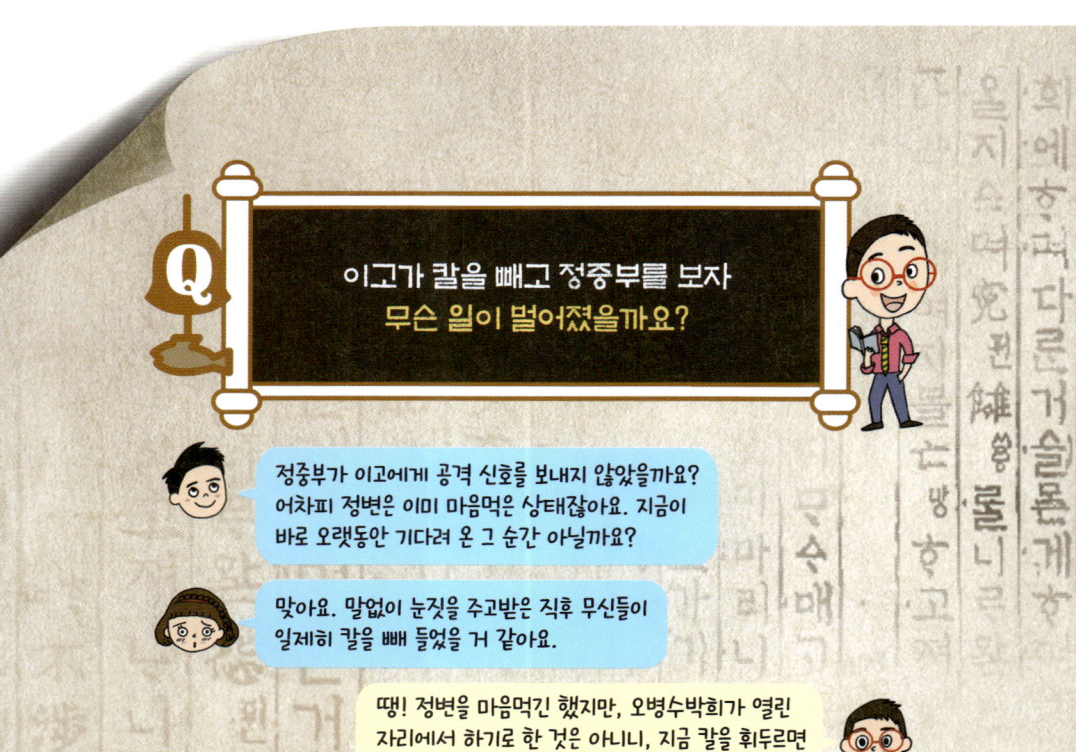

흠, 정중부가 성급한 성격이었다면 수염이 불탔을 때 벌써 일을 벌이지 않았을까요? 정중부는 신중한 사람이니까 서두르지 말고 한 번 참으라고 했을 것 같아요.

정답! 정중부는 이고에게 눈짓을 보내 칼을 휘두르지 말라고 했어요.

지금은 아직 아니라고 생각한 거네요.

당시에 왕은 개경 동쪽의 연복정이라는 정자에서 연회를 즐기다가 남쪽에 있는 왕실 사찰인 흥왕사로 갔어요. 흥왕사에서 보현원으로 가는 길에 이소응 사건이 일어난 것이고요. 정중부는 보현원에서 정변을 일으키기로 했었어요. 만약 왕이 보현원에 들르지 않고 궁궐로 가게 되면 정변을 다음 기회로 미루기로 했고요.

왜 꼭 보현원에서 하려고 했을까요? 그냥 오병수박희가 열린 자리에서 해도 될 것 같은데요.

정중부는 개경에서 멀리 떨어진, 원래 계획한 보현원에서 정변을 일으키는 게 조금 더 안전하고 성공 가능성이 높다고 판단했어요. 거기는 견룡군이 손바닥 보듯 잘 아는 곳이었거든요. 그래서 비록 가는 길이기는 했지만, 보현원에 도착하기 전에는 아직 때가 아니라고 생각해서 이고를 막았던 거예요.

정중부가 저지하자 이고는 화를 억누르며 칼을 도로 넣었어요. 그렇게 무신들은 분노를 가득 안고 보현원으로 향했습니다. 한뢰가 내려친 뺨 한 대는 이후 그동안 억눌러 왔던 무신들의 분노를 제대로 폭발시키게 되지요.

피로 물든 보현원

왕이 보현원으로 향하는 동안, 이의방과 이고는 왕의 행렬을 앞질러 보현원에 먼저 도착했어요. 그러고는 왕명이라고 속여 순검군을 한데 모았어요. 이때까지만 해도 모든 무신과 친위대가 정변을 꾀한 것은 아니었거든요.

이런 상황을 모르는 왕은 유유히 보현원에 도착했어요. 왕이 보현원에 들어서자마자 정중부는 칼을 뽑으며 외쳤어요.

 **HTX VIP 보태기**

정중부와 무신이 보현원을 택한 까닭

보현원은 의종이 연못을 만들고 연회를 즐기던 거처예요. 의종이 자주 머물던 곳이라 의종을 호위했던 견룡군이라면 잘 아는 곳이었어요. 게다가 호위하는 이들이 적고 무신과 견룡군뿐이었으니 정변을 일으키기에 딱 좋았지요.

"문신들은 한 놈도 남기지 말고 모조리 다 베어 버려라!"

정중부의 말에 무신들은 동시에 칼을 뽑아 들었어요. 그리고 문신들이 저항할 새도 주지 않고 칼을 휘두르기 시작했지요. 이날이 바로 무신 정권 100년의 역사가 시작된 첫날이었지요.

정변의 불씨를 지핀 한뢰는 왕의 침상 밑에 숨었지만, 곧 정중부에게 들켰어요.

"살, 살려 주십시오."

무신들은 한뢰를 끌어낸 뒤, 단칼에 죽여 버렸어요. 이후 무신들은 본격적인 대살육을 시작했어요. 사전에 약속한 대로

바로 지금이다!

HTX VIP 보태기

순검군의 정변 참여

순검군은 왕이 머무르는 곳을 순찰하며 호위하는 부대예요. 무신 정변이 일어날 때 보현원에도 있었지요. 당시 정변에 순검군이 함께 움직였는지는 기록이 없어 알 수 없어요. 하지만 이후 이의방이 순검군을 이끌고 군사 행동을 했다는 기록이 있는 것으로 보아 정변에 참여시킨 것으로 추정해 볼 수 있어요.

관모를 벗고 오른쪽 어깨를 드러낸 자 빼고는 모조리 베었어요. 이날 왕을 따라 보현원에 갔던 문신과 환관 대부분이 목숨을 잃어 그 시체가 산처럼 쌓였다고 해요.

문신들을 해치운 정중부는 몇몇 뛰어난 군인을 뽑아 이의방, 이고와 함께 개경의 궁으로 보냈어요. 궁에 도착한 이의방은 이렇게 외쳤어요.

"문신의 관을 쓴 자는 비록 서리라도 씨를 남기지 말고 죽여라!"

서리는 고려 시대에 중앙의 각 관아에 속한 말단 행정직을 가리켜요. 잡무, 보조 일을 하던 낮은 직급이었지요. 즉 이의방의 말은 아무리 낮은 직급이라도 문신이라면 베어 죽이라는 거였어요. 이날 문신들이 얼마나 죽었는지 정확히 알려지지는 않았지만, 궁궐 여기저기에 시체가 너부러져 있었다고 전해집니다.

이의방과 이고가 궁궐을 장악하고 문신들을 모조리 붙잡아 죽이면서 무신 정변의 첫날은 막을 내렸어요.

이후 정중부는 의종을 데리고 궁으로 돌아왔어요. 그런데 궁궐에 도착한 다음 날, 순검군이 창문과 벽을 뚫고 왕실 창고에 있던 보물을 훔쳤어요. 정중부는 이런 혼란한 상황을 핑계 삼아 왕을 협박하여 왕의 처소를, 병기 제조를 맡아보던 군기감으로 옮겼어요. 정변 사흘째 되는 9월 2일에 의종은 아예 홀로 거제현(지금의 거제도)으로 쫓겨났어요. 정중부는 멀리 떨어져 바다로 막힌 섬으로 왕을 보내 버리고는 다시는 개경으로 돌아오지 못하게 했지요.

정중부는 의종을 폐위시키고는 의종의 아우인 왕호를 왕위에 앉혔어요. 인종의 셋째 아들인 그가 바로 고려 제19대 왕 명종이에요. 여기서 퀴즈!

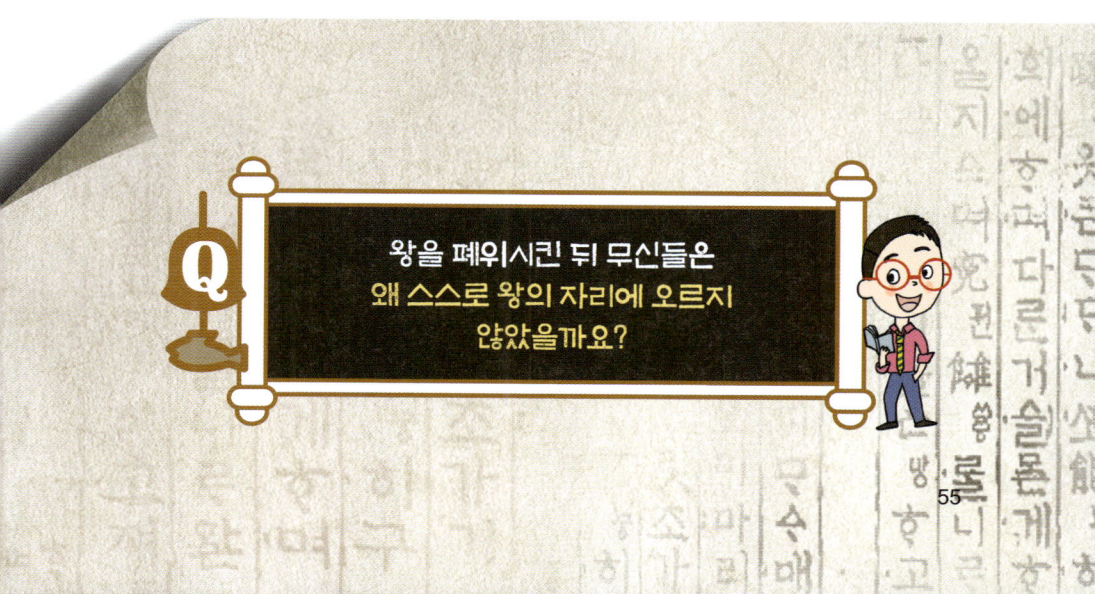

Q 왕을 폐위시킨 뒤 무신들은 왜 스스로 왕의 자리에 오르지 않았을까요?

그러게요. 제가 정중부라면 왕이 되고 싶었을 것 같은데요. 아무리 왕이 미워 스스로 왕이 되는 건 귀찮았던 걸까요?

 왕족이 아니라서 왕의 자리까지 탐내지 못한 것 아닐까요?

 맞아! 드라마를 보면 왕의 혈통이어야만 왕이 될 수 있더라고요!

정답! 정중부는 왕족이 아니어서 왕이 되고 싶어도 될 수가 없었어요.

특히 고려 사람들은 하늘이 정한 사람만이 왕이 된다고 여겼어요. 고려를 세운 왕건의 할아버지가 서해 용왕의 딸과 혼인했다는 설화가 전해지면서 왕건의 후손은 용의 자손, 즉 특별한 존재라고 생각했고 왕건의 후손 외에 그 누구도 왕이 될 수 없다고 생각했지요.

 그래서 왕을 함부로 죽이지 않은 걸까요? 문신들은 다 칼로 베어도, 왕은 죽이지 않고 유배 보냈잖아요.

무신 정변 때 사실 이고가 왕도 함께 죽이려고 했어요. 양숙이란 자가 이를 말렸는데 그 까닭도 이와 같아요. 하늘을 내린 왕을 죽인다는 건 있을 수 없는 일이라고 생각한 거예요.

무신들은 정변을 일으켜서 정권을 쥐긴 했지만 고려를 멸망시키거나 왕이 되려는 뜻은 없었던 것 같아요. 그저 문신들처럼 자신들도 국정을 주도하기만을 바랐죠.

정중부는 마지막으로 자신의 수염을 태웠던 오랜 원한의 대상 김돈중을 떠올렸어요.

"김돈중을 찾아라!"

김돈중은 그날 보현원에 있었지만, 눈치가 빨라 감쪽같이 달아났어요.

정중부는 현상금까지 걸어서 김돈중을 찾았어요. 김돈중의 하인이 현상금이 탐이 난 나머지 그를 남몰래 일러바쳤고, 결국 김돈중은 붙잡혔어요.

그렇게 김돈중은 처참하게 죽음을 맞이했어요. 죽기 전에 이런 말을 남겼지요.

"내가 한뢰와 이복기에게 아첨하지 않았으니 실로 죄는 없다. 다만 이전의 유시의 변 사건으로 죄 없는 사람들이 해를 입게 하였으니 오늘 이런 변을 당한 것도 마땅하다."

유시의 변이란 화살이 쏟아진 일로 여러 사람이 목숨을 잃고 벌을 받은 사건을 말해요. 김돈중도 그때 자신의 잘못이라고 밝히지 못한 것이 두고두고 후회되었던 걸까요?

이로써 무신 정변의 성공과 함께 정중부의 오랜 원한도 풀렸어요. 이고는 정변이 끝난 뒤에도 살아남은 문신들을 모두 죽여 버리자고 했지만, 정중부는 반대했어요. 무신들에게 친절했던 문신들도 있었거든요. 그리고 문신을 모두 죽인다면 나라를 운영하는 데 어려움이 있다는 걸 알았기 때문이에요.

하지만 정중부가 모든 무신의 분노를 막을 수는 없었어요. 하급 군인들은 저항하는 문신을 물에 던지기도 했어요. 죽은 문신의 집을 헐어 버리기도 했지요. 그야말로 무신 앞에서 문신들이 납작 엎드릴 수밖에 없는 세상이 되었답니다.

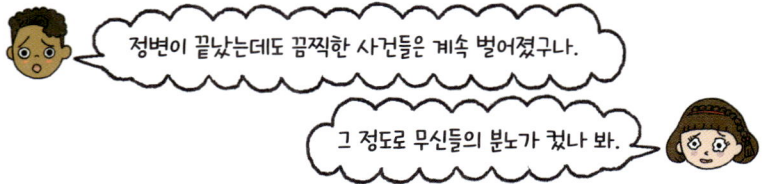

정변이 끝났는데도 끔찍한 사건들은 계속 벌어졌구나.

그 정도로 무신들의 분노가 컸나 봐.

HTX VIP 보태기

의종의 최후

무신 정변 이후, 무신들에 반대하는 정변이 일어나기도 했어요. 명종 3년에, 거제도로 추방당한 의종을 복위시키려는 무리가 들고일어났지요. 하지만 무신들에게 제압됐어요. 그리고 이 일로 의종은 결국 무신 이의민에 의해 끔찍하게 살해되어 연못에 던져지고 말았어요. 그 뒤 무신들은 더욱 막강한 권력을 쥐게 됩니다.

무신들의 권력 다툼

무신 정변 이후, 고려는 그야말로 무신들의 나라가 되어 갔습니다. 1170년 8월 30일 무신 정변 이후 1270년까지 100년 동안 무신들이 지배하는 무신 정권기가 펼쳐졌어요.

무신 정권기는 혼란의 연속이었어요. 무신들끼리 서로 권력을 쥐려고 치열하게 다투었거든요. 무신 정변의 세 중심인물인 정중부, 이의방, 이고 중 맨 먼저 실권을 장악한 이의방과 이고는 다툼을 벌였고, 명종 1년에 이의방이 이고를 제거했어요. 또 명종 4년에는 정중부의 아들 정균이 보낸 승려 종참 등이 이의방마저 제거했죠. 이후 정중부가 홀로 권력을 차지하게 되지만 그도 오래가지 못했어요. 정중부와 정균이 제멋대로 독주하자 이에 불만을 품은 젊은 장수 경대승이 이 둘을 제거했지요. 그 뒤 경대승이 젊은 나이에 병으로 세상을 떠나자, 무신 정변 때 정중부를 도왔던 천민 출신 이의민이 돌아와 권력을 잡았어요. 여기서 끝이 아니었어요.

이의민이 폭정을 일삼자 1196년에 최충헌이 그를 죽이고 정권을 장악했어요. 최충헌은 꽤 높은 무신 집안 출신으로, 문신 자질을 갖춘 무인이었어요. 이듬해 최충헌이 명종을 몰아내고 신종을 왕의 자리에 앉히면서 무신 정권은 절정기를 맞이하게 됩니다. 이후 무려 60년 동안 최충헌, 최우, 최항, 최의에 이르기까지 4대에 걸쳐 최충헌 일가가 무신 정권을 유지했지요.

무신 정권기

1170	1174	1179	1183	1196	1219	1249	1257	1258	1268	1270	1271
이의방	정중부	경대승	이의민	최충헌	최우	최항	최의	김준	임연	임유무

최충헌 일가가 60년간 정권을 잡을 수 있었던 것은 최충헌이 정권의 기틀을 단단히 세운 덕분이라고 할 수 있어요. 최충헌은 집권하는 동안 최충헌은 관료 기구를 장악하여 국정을 농단하고 교정도감을 설치하여 이익을 챙겼어요. 문신들도 정치에

최충헌의 권력은 어느 정도였을까?

최충헌은 무신 정권기를 대표하는 인물이에요. 23년간 집권하면서 왕에 버금가는 권력을 누렸지요. 그의 권력은 얼마나 컸는지 살펴볼까요?

왕을 네 번이나 끌어내리다

최충헌은 평생 동안 왕을 네 번이나 바꾸었어요. 명종, 신종, 희종, 강종, 고종이 모두 최충헌이 권세를 누릴 때 있었던 왕이지요. 최충헌은 특별한 명분도 없이 왕을 왕좌에서 쫓아내기도 했어요.

대궐 같은 집을 짓다

최충헌은 막강한 권력을 바탕으로 막대한 부를 쌓았어요. 1209년에는 백성들을 동원해 민가 100여 채를 허문 뒤 그 자리에 자신의 집을 아주 넓고 화려하게 지었다고 해요.

참여하긴 했지만 중요한 일은 모두 무신, 그중에서도 최충헌이 모두 결정했어요. 왕보다 더한 권력을 누렸지요.

또한 최충헌은 사병 집단인 도방을 구성해 군사적으로도 기반을 탄탄히 했어요. 큰 토지로 경제적 기반도 다져 놓았어요. 그사이 왕은 명종에서 신종, 희종, 강종, 고종으로 바뀌었지만 모두 최씨 정권이 앉혀 놓은 허수아비 왕일 뿐이었지요.

하지만 최씨 정권도 영원하지 못했어요. 최충헌을 이어 최우도 막강한 권력을 행사했으나 최항 때부터는 권력이 약해졌어요. 최의가 정권을 잡은 지 1년 만에 김준에 의해 살해되면서 최씨 정권은 막을 내리게 되었지요. 그 뒤 김준, 임연, 임유무로 무신 정권이 이어졌어요.

무신 정권이 들어서고 새로운 세상이 되면서 고려 백성들의 삶은 나아졌을까요? 그렇지 않았습니다. 무신들 사이에 정권을 차지하려는 싸움이 계속되니 나라는 무척 혼란스러웠지요. 게다가 시간이 지나면서 많은 무신이 저마다 자기 배를 채우느라 바빴어요.

무신들은 개인이 많은 군사를 거느렸어요. 많은 군사를 유지하려면 곡식도 많이 필요하니, 백성들의 토지와 재물을 빼앗았어요. 지방 관리들까지 많은 세금을 거두어들이는 통에 고향을 떠나 여기저기 떠도는 백성이 늘어났습니다.

포악한 정치로 삶이 힘겨워지자 무신 정권기에는 다른 때보다 민란이 잦았어요. 정중부와 경대승, 이의민이 집권할 때는 망이·망소이의 난, 전주 관노의 난, 김사미의 난 등이 일어났어요. 전주 관노의 난은 전주에서 관노들과 군사들이 일으킨 난이에요. 조정의 지시로 배를 만드는 과정에서 가혹하게 일을 시키자 난을 일으켰지요.

최충헌이 집권할 때는 만적의 난이 일어났어요. 최충헌의 사노비인 만적은 노비에서 벗어나자며 여러 노비를 모아 노비 문서를 불사르자고 말했지요. 하지만 이후 발각되어 목숨을 잃었어요.

이렇게 사회가 불안한 가운데 한 가지 큰 사건이 벌어졌습니다.

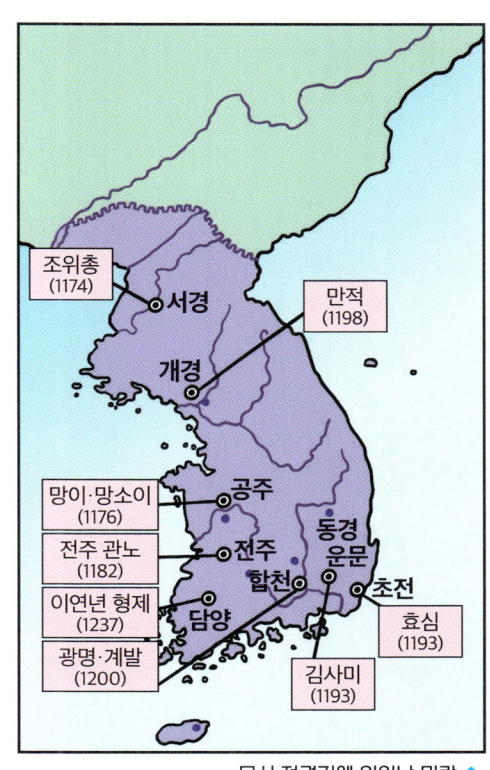

무신 정권기에 일어난 민란

여몽 전쟁과 무신 정권의 몰락

여몽 전쟁의 시작

강이 꽁꽁 얼었네요! 보기만 해도 추워요.

여기 강가에서 벌어진 몽골인 살인 사건으로 고려가 크나큰 위기를 맞게 되거든요.

이 강은 우리나라와 중국의 경계를 이루는 압록강이에요.

그런데 여기는 왜 온 거예요?

이곳은 1225년 1월 어느 추운 겨울날, 고려의 북서쪽 끝에 있는 압록강 강가예요. 여기에서 한 남자가 싸늘한 시체로 발견되었어요. 그 남자의 이름은 차쿠르로, 몽골의 사신이었어요. 고종 12년에 고려에 왔던 몽골 사신 차쿠르가 공물을 받아서 몽골로 돌아가는 길에 누군가에게 살해당한 거였어요. 당시 몽골은 고려의 짓이라고 여기고 크게 분노했어요. 하지만 고려는 끝끝내 범인을 밝히지 못한 채 억울해했지요.

의문사로 남은 몽골 사신은 비극의 씨앗이 되고 말았어요. 이를 구실로 몽골이 군사를 이끌고 고려 땅에 쳐들어왔거든요. 당시 고려는 최충헌의 뒤를 이어 최우가 집권하고 있었어요. 몽골의 침입으로 최씨 무신 정권은 크나큰 위기를 맞지요. 고려가 어떤 위기를 맞았고 어떻게 대처했는지 알아볼까요?

세계 정복에 나선 칭기즈 칸

13세기에 몽골은 세계적으로 대단한 위세를 떨치고 있었어요. 중국은 물론 동유럽까지 정복 중이었지요. 몽골군의 말발굽 소리가 들리기만 해도 사람들이 겁을 먹고 달아날 정도였어요. 그 기세가 실로 대단했지요.

그 중심에는 칭기즈 칸이 있었어요. 칭기즈 칸은 몽골 제국의 제1대 칸으로 본명은 테무친이에요. '용감한 자'라는 뜻이라고 해요. 테무친은 11개 몽골 부족을 통일하고, 1206년에 몽골족의 최고 지도자가 되어 기마 부대를 만들고 세계 정복에 나섰어요.

↑ 칭기즈 칸

칭기즈 칸은 즉위하자마자 곧바로 여러 지역으로 원정에 나섰어요. 1207년 서하와의 전쟁에서 승리하고, 1211년부터는 금나라와도 전쟁을 시작했어요. 1218년부터는 중앙아시아의 호라즘 제국(이슬람 제국)에 대한 원정에 나서, 정벌에 성공하게 됩니다. 그 아들이 지배하던 때에는 제국의 영역을 남러시아, 페르시아까지 확대하게 되지요.

몽골군은 말을 타고 다니면서 용맹하게 싸웠어요. 칭기즈 칸의 기마 부대에 맞설 자는 세상 그 어디에도 없었지요. 칭기즈 칸은 전술을 잘 쓰기도 했지만, 잔인하기도 그지없었어요. 어디든 몽골군이 지나간 자리는 쑥대밭이 되었어요. 사람을

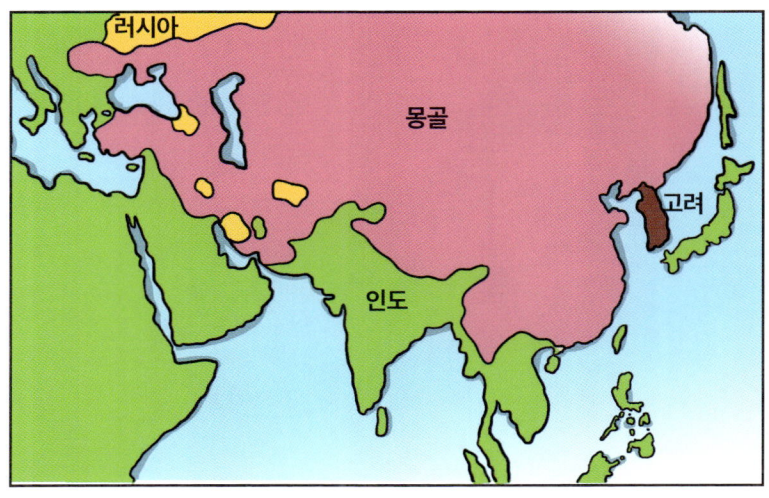

12~13세기에 몽골이 지배한 영역 ↑

닥치는 대로 죽이고 불을 질러서 마을이 통째로 사라질 정도였지요. 잔인한 몽골군은 그야말로 공포의 대상이었어요. 평생을 전쟁터에서 보낸 칭기즈 칸은 강인한 정신력과 뛰어난 전투력으로 세계 역사상 가장 넓은 제국을 건설하고, 어마어마한 강대국을 만들었습니다.

그런 칭기즈 칸은 1227년 8월에 서하와 전쟁을 하다 마지막 승리를 앞둔 시점에 그만 세상을 떠나고 말았어요. 어떤 이유로 죽음을 맞이했는지는 정확히 알려지지 않았어요. 전염병에 걸렸다고도 하고, 말에서 떨어져서, 독화살에 맞아서 죽었다고도 해요. 칭기즈 칸이 묻힌 곳이 어디인지도 알 수 없지요.

칭기즈 칸이 죽자, 그의 셋째 아들 오고타이가 두 번째 칸이 되어 정복전을 이어 갔습니다.

나 오고타이가 아버지의 뒤를 이어 세계 정복을 완성하겠어!

↑ 오고타이

칭기즈 칸의 전쟁 승리 비법

칭기즈 칸은 전 세계를 공포에 떨게 한 몽골군의 리더예요. 그가 이끈 몽골군은 어떻게 그렇게 빠르게 세계를 정복할 수 있었을까요? 학자들은 그 핵심 비결로 다음의 세 가지를 꼽아요.

1 세계 최강의 기마 부대

몽골군은 말에 여러 무기를 싣고 다니면서 적은 병력으로 적을 재빠르게 해치웠어요. 또한 보급 부대를 따로 두지 않고 육포 등을 먹었지요.

"우린 단숨에 적을 무찔러!"

2 능력 위주의 인재 선발

칭기즈 칸은 정복한 곳마다 그곳의 능력 있는 인재를 뽑았어요. 적이지만 권력을 주고 충성을 맹세 받아 군대를 키움으로써 정복한 땅을 안정적으로 다스릴 수 있었지요.

"이곳엔 어떤 인재가 있나 찾아보겠다!"

3 다양한 전술

몽골군은 수가 많지 않았어요. 그래서 포로를 몽골군으로 위장해서 수가 많아 보이게 하여, 상대의 저항 의지를 꺾는 전술을 썼지요. 또한 공포를 불러일으키는 선전전과 기습 공격 등에 능했어요.

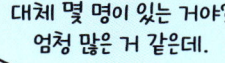

"대체 몇 명이 있는 거야? 엄청 많은 거 같은데."

몽골 사신 차쿠르의 죽음

1218년에 고려는 몽골의 도움을 받는 일이 생겼어요. 그해부터 이듬해에 걸쳐 평양 동쪽의 강동성에 거란족이 침입했을 때, 몽골이 나서서 도와주었지요. 그때 고려는 몽골군과 함께 거란군을 무찔렀어요. 이를 강동성 싸움이라고 합니다.

그 뒤 몽골은 도움을 준 대가로 고려에 형제의 맹약을 강요하고는 공물을 바칠 것을 요구했어요. 그때 고려의 상황이 〈고려사〉에 이렇게 남아 있어요.

> **동진**
> 금나라의 장군 포선만노가 간도 지방에 세운 나라. 대진이라고도 한다.

"당시 몽골과 동진이 말로는 적을 치고 우리를 구원한다고 하였으나 몽골은 오랑캐 중에도 가장 강하고 흉악한 종족이며 또 일찍이 고려와는 옛날에도 우호 관계를 가진 일이 없는 나라이다. 이런 까닭에 온 나라가 당황하여 그 제의가 거짓이라고 의심하였으며 조정의 의논도 어물어물하다가 회답도 하지 못하고 드디어 사람을 보내 군사에게 식량을 제공하고자 하였다." 〈고려사〉

고려는 몽골의 기세에 눌려 굴욕적인 외교 관계를 맺을 수밖에 없었어요. 이후 몽골은 해마다 고려에 사신을 보내 금이나 인삼 같은 값비싼 공물을 챙겨 갔지요.

그런데 공물을 받으러 온 몽골 사신단은 무례하기 이를 데가 없었어요. 공물이 마음에 안 들면 왕 앞에서 집어던졌고, 접대가 소홀하다 싶으면 행패를 부렸어요. 몽골 사신이 활을 쏘아서 고려 환관이 심하게 다쳤다는 기록도 있어요.

어느 날 몽골은 더욱 과한 공물을 요구했어요. 수달 가죽 1만 장, 비단 3,000필, 모시 2,000필, 솜 1만 근, 종이 10만 장, 붓 200자루 등을 내놓고 이야기했지요.

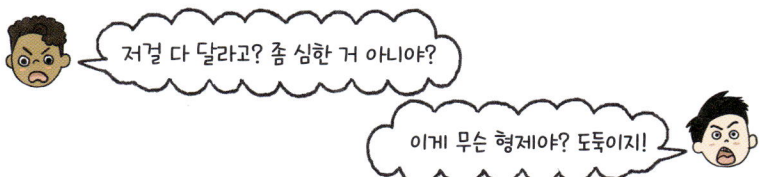

이 말도 안 되는 공물을 받으러 고려로 온 사신 중 하나가 바로 차쿠르였어요. 이때 차쿠르 등 사신들은 위와 같이 공물을 요구하는 명령서를 전한 뒤, 각자 품속에 있던 물건을 꺼내 왕 앞에 던졌어요. 지난번에 고려에서 보냈던 거친 명주였지요. 성에 차지 않는 물건들을 다시 가지고 온 거예요. 그러고는 연회에 참석하지 않는 등 시위를 했지요.

그게 끝이 아니었어요. 차쿠르는 압록강을 건너기 전에 공물 일부를 들판에 버리고 수달 가죽만 가지고 돌아가려고 했어요. 그런데 그때 정체를 알 수 없는 도적 떼가 들이닥쳤고 그만 죽임을 당하고 말았어요.

이 소식이 알려지자 몽골은 고려의 짓이라며 화를 냈어요. 당황한 고려는 범인을 밝혀 고려가 한 일이 아님을 증명하려고 애썼지만, 끝내 누구인지 알 수 없었어요. 그렇게 고려는 억울하게 누명을 쓰고 말았지요.

 **HTX VIP 보태기**

고려의 억울한 누명

당시 차쿠르가 발견된 곳은 압록강 근처의 국경 지대였어요. 다른 나라 사람도 얼마든지 드나들 수 있는 곳이었지요. 실제로 국경 근처에서 다른 나라 사람이 고려인 옷을 입고 몽골 사신을 습격한 적도 있었어요. 그래서 범인이 꼭 고려 사람이라고 볼 수는 없었지요.

시간이 흘러 칭기즈 칸 다음으로 칸이 된 오고타이는 차쿠르 피살 사건을 빌미로 몽골의 명장 살리타이에게 고려를 침략하라고 명령을 내렸어요. 살리타이는 황제에 버금가는 권한을 갖고 있다는 권황제를 자처하는 자였지요.

결국 1231년 8월에 살리타이는 군사 3만 명을 이끌고 고려로 쳐들어왔습니다. 몽골의 대대적인 고려 원정이 시작된 것이에요. 여기서 퀴즈!

혹시 칭기즈 칸이 부상이라도 당해서 아팠던 걸까요? 치료하느라 어쩔 수 없이 공격이 늦어진 거예요.

아, 알겠다! 칭기즈 칸이 너무 바빴던 거예요. 세계 정복을 하려니 얼마나 정신없었겠어요? 다른 데 먼저 정복하고 고려에는 천천히 가려고 한 것 아니었을까요?

정답! 마이클과 여주가 힌트를 주고 만세가 맞혔네요. 차쿠르가 죽었을 때 칭기즈 칸은 한창 서방 원정에 집중하고 있었어요. 그래서 곧장 고려를 치러 올 수가 없었지요.

아하! 그래서 미루었던 거군요?

게다가 칭기즈 칸이 2년 뒤에 급작스럽게 죽었어요. 당시 몽골에서는 새 후계자를 만장일치로 뽑았는데, 그러느라 시간이 오래 걸렸지요. 이래저래 고려 원정이 늦어진 거였어요.

몽골은 오고타이를 새 후계자로 뽑고, 내부가 안정되고 나서야 벼르고 별렀던 고려 원정을 시작했어요. 고려 입장에서는 예상하지 못한 때에 침략을 당한 셈이지요. 그래서 고려는 당황할 수밖에 없었어요.

몽골이 침략하면서 그 유명한 여몽 전쟁이 시작되었어요. 여몽 전쟁은 이후 무려 30여 년간 치러야 했지요.

혼란스러운 고려

최강의 몽골군이 쳐들어올 무렵 고려는 어떤 상황이었을까요? 백성들은 살기가 무척 고달팠어요. 최씨 집안을 비롯한 지배층이 흥청망청 노느라 백성들을 가혹하게 수탈하니, 못 살겠다며 반란을 일으키기도 했지요. 〈고려사절요〉에는 이런 기록이 남아 있어요.

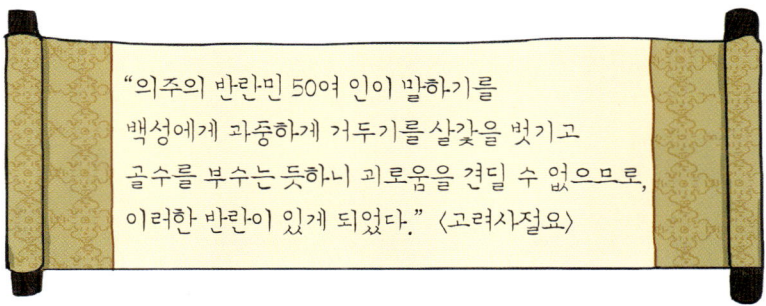

"의주의 반란민 50여 인이 말하기를
백성에게 과중하게 거두기를 살갗을 벗기고
골수를 부수는 듯하니 괴로움을 견딜 수 없으므로,
이러한 반란이 있게 되었다." 〈고려사절요〉

상황이 이런데도 최씨 정권은 민심은 거들떠보지도 않고 사치를 즐기기에 바빴어요. 외세의 침략에는 더더욱 무관심했지요. 그들은 고려가 부유하고 군사의 힘도 아주 강하다고 여겼어요. 그래서 몽골이 쳐들어오기 전, 다른 나라가 고려의 국경을 침입했을 때 병사가 말을 타고 와서 이 사실을 보고하자 이런 말까지 했어요.

"어찌 작은 일로 역마를 귀찮게 하고 조정을 놀라게 하는가!"

역마는 나라에서 쓰는 말인데, 별것도 아닌 일로 말까지 써 가면서 소식을 전했다며 보고한 사람을 유배 보냈지요. 이러니 변방의 성을 지키는 장수들은 해이해졌어요.

"적이 성을 두세 개 함락시킨 뒤에야 급보를 보내는 것이 좋겠다!"

미리 말해 보았자 유배 가는 신세가 되니, 이렇게 생각하는 것도 당연했지요. 당시 고려가 얼마나 전쟁 대비를 소홀히 했는지 알 수 있어요.

최충헌 다음으로 그의 아들 최우가 정권을 잡은 뒤에도 크게 변하지 않았어요.

최우는 처음에는 아버지와 다른 길을 가는 듯했어요. 아버지가 부당하게 모은 재물을 왕에게 다시 바치고, 아버지가 빼앗은 밭도 백성들에게 돌려주었지요. 가난한 선비들을 등용했고 탐관오리들은 유배를 보내거나 파면시켰어요.

그렇게 좋은 정치를 펼치는 한편으로 권력자로서 자기 위치를 굳건히 했어요. 자기 집에 사설 정치 기관인 정방을 설치해 인사권과 의사 결정권을 장악하면서 왕 위에 군림하는 고려 최고의 실세가 되었지요.

그런데 시간이 지나면서 최우 또한 아버지와 별반 다를 바 없는 모습이 되어 갔어요. 권력을 등에 업고 부귀를 누리기에 바빴지요. 한 예로, 최우는 이웃집 100여 채를 빼앗은 다음 몽땅 헐어 격구장을 만들고는 그곳에서 56일 동안 잔치를 벌였다고 해요.

이러한 상황에서 당시 세계 최강이었던 몽골군이 쳐들어온 거예요. 과연 고려는 몽골군을 막을 수 있었을까요?

> 아버지 뒤를 이어 고려는 내 손 안에 있소이다!

몽골의 1차 침략

고려에 쳐들어온 살리타이는 수도인 개경을 먼저 함락시켜 빠르게 점령하려고 했어요. 그래서 부대를 셋으로 나누어 고려를 공격했지요.

몽골군의 목표는 왕에게 항복을 받아 내는 것이었어요. 그렇다고 모든 군대를 개경으로 보낸다면 후방이 위험해질 수 있지요. 또 북방 지역만 공격하다 보면 고려군이 대비할 시간을 주어 수도 공격이 어려워질 수 있어요. 그래서 몽골군은 세 부대로 나누어 고려를 침략하는 전략을 쓴 거예요.

우선 두 개 부대가 진격로를 두 갈래로 해서 공격했어요. 선발대가 먼저 함신진(지금의 의주)으로 들어와서 빠르게 남쪽으로 내려오면서 길을 뚫어 놓으면, 그 뒤를 살리타이가 이끄는 주력 부대가 뒤따라갔지요. 살리타이는 서해안을 따라 평안도에 있는 안북부까지 간 뒤, 거기서 선발대와 만나 함께 수도 개경을 공격하려고 했어요.

그렇다면 세 번째 부대는 어디를 노렸을까요? 바로 고려 북부의 핵심 군사 지역이었어요. 외적의 침입에 대비한 대표적인 방어 지역인 귀주와 자주 등을 공격해서 고려의 군사력을 무너뜨리려고 했지요.

몽골은 고려뿐만 아니라 다른 나라를 정복할 때도 이렇게 부대를 나누어서 동시다발적으로 공격하는 방식을 많이 썼어요.

몽골의 1차 경로 ↑

역시 세계 최강 군대는 전쟁 전략도 남다르구나!

고려가 잘 막아 낼 수 있을까? 걱정되네.

몽골군은 선발대, 주력 부대, 내륙 공격 부대로 나뉘어 따로, 또 같이 공격하며 고려 땅을 휘저어 놓기 시작했어요. 그 첫 번째가 바로 압록강 근처 철주성이었어요.

1231년 8월 어느 날, 철주성 저 멀리에서 자욱한 흙먼지가 날리기 시작했어요. 달가닥달가닥 말발굽 소리가 점차 가까워

졌지요. 철주성 사람들은 모두 숨죽인 채 소리가 나는 쪽을 바라보았어요.

"몽골군이다! 몽골군이 쳐들어오고 있다!"

그 소리에 성안의 사람들은 오들오들 떨었어요.

"항복하라!"

몽골군이 성문 앞에서 외쳤어요. 하지만 철주성 사람들은 성문을 절대 열어 주지 않았어요. 몽골군은 철주성을 뚫기 위해 총공세를 펼쳤어요.

성안의 병사들과 백성들은 너 나 할 것 없이 온 힘을 다해 싸우며 가까스로 몽골군의 공격을 막아 냈어요. 보름 동안 백성들이 몽골군과 사투를 벌이는데도 조정에서는 군대를 보내 주지 않았지요.

그렇게 보름이 지난 어느 날, 갑자기 철주성이 활활 불타기 시작했어요. 성안의 사람들은 불길 속에서 죽음을 맞이했지요. 그런데 철주성에 불을 지른 건 몽골군이 아니라 철주성을 지키던 고려의 지휘관 이희적이었어요. 그는 왜 스스로 철주성에 불을 질렀을까요?

이희적은 병사들과 사람들이 지친 데다가 식량이 바닥나자 이대로는 도저히 몽골군을 이길 수 없다고 판단했어요. 잔인하기로 소문난 몽골군 손에 처참히 죽임을 당하느니 스스로

목숨을 끊는 게 낫다고 생각한 거예요. 어차피 몽골군은 불을 질러 성을 폐허로 만들 게 뻔했지요.

그렇게 자기 손으로 불을 지른 이희적은 칼을 뽑아 병사들과 함께 스스로 목숨을 끊었어요. 비록 이렇게 막을 내렸지만, 보름간의 치열했던 철주성 전투는 고려군이 병력을 정비할 시간을 벌어 주었어요.

몽골군은 정주성에서 한 차례 더 전투를 벌여 정주성을 점령했어요. 이후 북로군, 남로군, 본대로 나뉘어 각각 1만 명 병력으로 북로군은 귀주성, 남로군과 본대는 개성으로 향했어요.

귀주성을 지켜라

　세계 여러 나라를 정복한 몽골군은 고려도 쉽게 정복할 수 있으리라 여겼어요. 그런 그들이 예상치 못한 걸림돌에 맞닥뜨렸습니다. 고려의 한 성에서 몽골군이 꼼짝달싹 못 하고 있었어요. 바로 귀주성이었어요. 지금의 평안북도에 있는 귀주성은 북방의 대표적인 군사 방어지예요. 귀주성은 박서라는 장군이 지키고 있었지요.

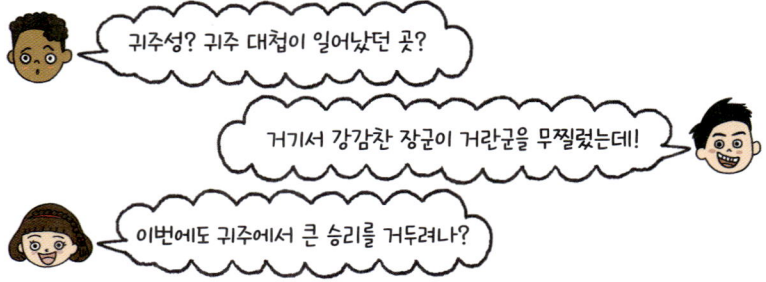

　1231년 9월 초, 귀주성에 도착한 몽골군은 성을 겹겹이 둘러싸고는 다양한 무기로 공격을 퍼부었어요. 먼저 귀주성을 넘으려고 운제라는 무기를 썼어요. 운제는 구름사다리를 뜻하는데, 높이가 구름에 닿을 만큼 높다고 해서 그런 이름이 붙었지요. 또한 몽골은 돌을 던지는 발석거를 써서 성벽을 무너

↑ 운제　　　　↑ 발석거

뜨리려고 했어요.

　이에 맞서 고려 장군 박서는 큰 칼이 달린 무기인 대우포로 운제를 싹둑 잘라 몽골군이 성에 접근할 수 없게 만들었지요. 그러자 몽골군은 장작에 불을 붙여 성을 태우려 했어요. 이에 귀주성 사람들은 물과 진흙을 섞어 불을 껐어요. 또 몽골군이 큰 돌을 날리거나 땅굴을 파 공격해 오면 뜨거운 쇳물을 부어 버렸어요. 귀주성 사람들은 그야말로 혼신의 힘을 다해 귀주성을 지켰습니다.

　당시 귀주성에 고려군은 2,000여 명이었고, 몽골군은 정확한 기록이 남아 있지는 않으나 고려군보다 훨씬 많은 1만 명 정도가 있었을 거라고 추정해요. 고려군은 수적으로는 약했지만 귀주성이 뚫리면 고려 전체가 위험해질 수 있다는 위기감에 한 발도 물러설 수 없었지요.

한창 싸움을 벌이던 때 갑자기 귀주성 남쪽 문을 둘러쌌던 몽골군이 달아나기 시작했어요. 한 장군이 군사 몇을 이끌고 성 밖으로 나가 목숨을 건 기습 공격을 한 거예요. 바로 김경손 장군이었어요. 김경손은 원래 정주성 장군인데, 정주성이 점령되자 항쟁을 이어 가기 위해 귀주성으로 왔지요.

김경손이 쏜 화살이 깃발을 든 몽골군을 맞혔어요. 김경손 역시 몽골군의 화살에 맞아 피를 철철 흘렸지만, 싸움을 계속

했어요. 그러자 몽골군은 그 기세에 놀라 물러서기 시작했어요. 김경손과 고려 병사 단 12명이 이룬 성과였지요. 이들의 활약 덕분에 몽골군은 귀주성 공격을 머뭇거리게 되었어요.

박서는 죽을 각오로 몽골군과 맞서 싸운 김경손을 눈물로 맞이하며 큰절을 올렸다고 해요. 김경손 역시 울면서 마주 절을 올렸지요.

그 뒤로 10월, 11월, 12월에도 대대적인 싸움이 벌어졌어요. 귀주성 사람들은 중앙에서 파견된 군대의 도움 없이도 무려 넉 달간이나 버텨 냈습니다.

몽골군 장수 가운데 한 사람은 이렇게 말했다고 전해져요.

"일찍이 이 같은 공격을 입으면서도 끝내 항복하지 않은 경우는 보지 못하였다. 성안에 있는 장수들은 훗날 반드시 모두 장군이나 재상이 될 것이다!"

몽골군은 작은 성이 대군을 맞아 이 정도로 버텨 내는 것을 놀라워했어요. 그야말로 하늘이 도와서 귀주성을 지키고 있다며 감탄했지요.

그렇게 몽골군은 넉 달 만에 귀주성 함락을 포기한 채 말머

 **HTX VIP 보태기**

고려 조정이 귀주성에 군대를 보내지 않은 이유

당시 고려군은 중앙군과 지방군으로 나뉘어 있었어요. 중앙군은 개경을 중심으로 왕을 지키거나 국경 수비, 경찰 업무 등을 맡았고, 지방군은 각 지방의 성을 다스리며 외적을 물리치는 역할을 했어요.
그런데 지배층이 서로 권력 다툼을 벌이다 보니 중앙군은 제 역할을 하지 못했어요. 최씨 정권과 관료들을 지키거나 개경 주위를 방어하기에도 벅찼지요. 그러니 각 지방의 군사들은 중앙군의 지원을 바랄 수 없는 상황이었습니다. 중앙군은 없었지만, 중앙에서 파견된 지휘관은 있었어요. 박서가 바로 그런 지휘관이었습니다.

리를 돌렸어요. 마침내 박서를 중심으로 귀주성 사람들이 이긴 것이었지요. 믿을 수 없는 승리였습니다.

  며칠 뒤 박서는 고려 조정으로부터 연락을 받았어요. 여기서 퀴즈!

이제 은퇴를 해라! 너무 훌륭한 장군이라 부담스러워 한 것 아닐까요? 자신들을 위협할지 모르니까요. 그래서 장군을 그만하라고 했을 것 같아요.

너무 큰 반전이라 다들 상상조차 못하는군요. 힌트를 줄까요?

 잠깐만요! 큰 반전이라고요? 설마 항복하라고 한 거예요?

 말도 안 돼요!

정답이에요! "귀주성 밖으로 나와 몽골군에 항복하라!" 왕은 이렇게 죽을힘을 다해 성을 지킨 박서에게 도리어 항복 명령을 내렸다고 해요.

당시 이미 개경이 몽골군에 함락당해 버렸거든요. 중앙군이 무너지자 최씨 정권은 살리타이에게 항복하려고 했어요. 개경에서는 고려와 몽골의 화친 협상이 시작되었지요. 전투에 진 고려는 몽골에 납작 엎드리려 했어요. 그런데 살리타이가 거절해요. 귀주성이 아직 버티고 있는 상황이었거든요. 그래서 고려 조정이 박서에게 항복을 명한 것이지요.

 귀주성 사람들은 정말 화가 치밀어 올랐겠어요.

귀주성 전투에서 잘 버텨 냈음에도 개경이 먼저 몽골에 함락되는 바람에 박서는 몽골에 항복하라는 명령을 받았어요. 박서는 처음에는 완강히 거부했지만, 결국 왕의 뜻대로 성문을 열고 나가 항복했어요. 박서의 시련은 여기서 끝나지 않았어요. 몽골군이 고려 조정에 박서를 죽이라고 한 거예요. 고려 조정은 차마 박서를 죽이지는 못하고 그의 관직을 빼앗아 버렸어요.

박서처럼 몽골군에 맞서 목숨을 아끼지 않고 싸웠지만 제대로 대우를 받지 못한 이들이 또 있어요. 바로 초적이에요. 초적이란 들판에서 활동하는 도적을 뜻해요. 땅을 빼앗고 무거운 세금을 매기는 지배층에 저항한 농민 저항군을 초적이라 했지요. 이들은 몽골군이 쳐들어오자 누구보다 앞장서서 몽골군에 맞서 싸웠어요. 하지만 그들의 공은 인정받지 못했어요.

또 노비들 중에도 많은 사람이 끝까지 싸웠어요. 그런데 몽골군이 물러간 뒤 성으로 돌아온 관리들은 노비들이 물건을 훔쳐 갔다며 도둑으로 몰기도 했지요.

비록 나중에 인정받지는 못했지만, 몽골군의 침략 앞에 장군도, 백성도, 노비도 모두 목숨 걸고 고려를 지켜 냈어요. 그들의 노력에도 불구하고 고려 조정은 몽골에 항복하고 굴욕적인 화친을 맺었지요. 1232년 1월 11일, 뜻을 이룬 몽골군은 고려에서 일단 철수했습니다.

— 4장 —

여몽 전쟁과 무신 정권의 몰락
30여 년 여몽 전쟁의 결말

"무슨 산성이지?"

"오, 한자 박사 같아."

"진송루라고 적혀 있는데?"

"진송루는 강화도에 있는 강화산성의 북문 이름이에요. 강화산성은 한때 고려의 수도 역할을 한 적이 있지요."

우리는 이제 1232년 7월, 강화도에 도착했어요. 그해 7월의 어느 날, 고려의 왕 고종은 배를 타고 바다를 건너 강화도로 향했어요. 최씨 일가가 앞장섰지요. 고려 왕실과 조정 관료들은 무슨 일로 강화도에 갔을까요?

몽골의 1차 침략이 일단락된 뒤, 몽골군은 다루가치라는 관리 감독관 70여 명을 고려에 남긴 채 물러갔어요. 그때부터 고려는 몽골에 더욱 과도한 공물을 갖다 바쳐야 했어요. 그뿐만이 아니었어요. 고려의 몽골 관리들은 온갖 나쁜 짓을 저지르는 것은 물론 고려의 내정까지 간섭했지요.

그러던 어느 날, 최우는 놀라운 선언을 해요. 수도를 개경에서 강화도로 옮기겠다는 거예요. 수도를 섬으로 옮기겠다니, 다소 뜬금없는 생각처럼 보였지요. 당시만 해도 강화도는 배를 타고 들어가야 하는, 개경에서는 꽤 먼 곳이었으니까요. 최우는 대체 왜 강화 천도를 결정한 걸까요?

청자상감연화국화문병

강화도로 수도를 옮기다

최우는 몽골이 언제 또다시 침략할지 몰라 불안했어요. 그래서 화친을 맺은 지 몇 달 지나지 않아 재추 회의를 열어 강화 천도를 결정했어요. 고종과 신하들이 반대했지만 최우의 뜻을 꺾을 수는 없었어요. 반대하는 이들은 죽을 수도 있었으니까요.

7월 초에 왕과 조정 관료들, 몇몇 개경 사람은 개경을 떠나 강화도로 향했습니다. 그런데 최우는 왜 강화도를 새로운 수도로 선택했을까요?

↑ 강화도에 있는 고려궁지

최우는 사방이 뚫린 개경보다는 섬인 강화도가 몽골과 전쟁을 하기에 더 적합하다고 여겼어요. 몽골군은 기마 부대라서 배를 타고 싸워야 하는 해전에 약했거든요. 그래서 강화도를 쉽게 점령할 수 없을 거라 생각했지요.

그런데 최우는 강화 천도 이후 몽골 침략에 대비해 성곽을 쌓기보다 궁궐과 자신의 집을 짓는 데 더 급급했어요. 각 지방에서 뽑혀 온 백성들과 군인들의 피 땀 눈물로 호화로운 집을 지었지요. 당시 이들의 고통을 엿볼 수 있는 기록이 〈고려사〉에 남아 있어요.

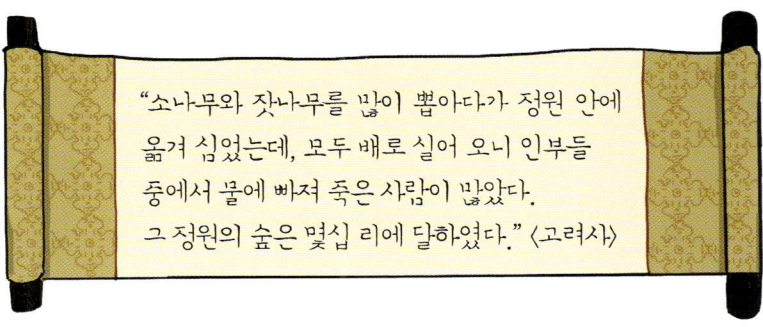

"소나무와 잣나무를 많이 뽑아다가 정원 안에 옮겨 심었는데, 모두 배로 실어 오니 인부들 중에서 물에 빠져 죽은 사람이 많았다. 그 정원의 숲은 몇십 리에 달하였다." 〈고려사〉

최씨 일가가 쓸 정원을 지으려고 육지에서 배로 나무를 실어 오다가 물에 빠져 죽다니, 얼마나 비참한 일일까요? 이뿐만이 아니었어요. 강화도에서 피란 생활을 하면서도 최우의 사치는 여전했습니다.

하루는 최우가 신하들을 불러 잔치를 열었는데, 비단으로 장막을 만들고 온갖 꽃과 은 단추와 자개를 붙여 장식했다고 해요. 그리고 악기를 연주한 악공에게 은 덩어리를 주고, 기생과 광대에게는 비단을 주었다고 하지요. 심지어 백성들을 동원해 충남 서산에 얼음 창고까지 만들었다고 해요. 12월 추운 날씨에 백성을 시켜 얼음을 실어 나르게 했으니, 사치도 이만저만 부린 것이 아니지요.

그러니 강화 천도 이후, 백성들의 불만이 점점 커질 수밖에 없었어요. 어떤 백성들은 고려 왕실과 최씨 정권을 비난하며 민란을 일으켰지요.

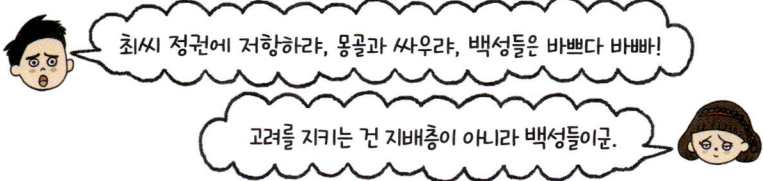

그런데 고려가 강화도로 수도를 옮긴 지 석 달도 안 되어 몽골이 고려를 다시 침략해 왔습니다. 몽골은 고려가 자신들에 대항하기 위해 천도했다고 생각한 거예요. 1차 침략으로 고려의 땅을 폐허로 만들고 돌아간 지 8개월도 되지 않아 2차 침략이 시작되었습니다.

다시 시작된 침략과 살리타이의 죽음

1232년, 또다시 시작된 몽골의 침략! 살리타이는 이번에야말로 고려를 제대로 짓밟겠다며 쳐들어왔어요. 빠른 속도로 고려를 관통하며 지나가는 곳마다 마을을 잿더미로 만들었지요.

몽골군은 고려 서북부를 쑥대밭으로 만든 다음 계속 남쪽으로 내려갔어요. 그러는 한편으로 강화도에 사신을 보내 항복을 요구했지요. 하지만 최씨 정권은 계속 거부했어요. 섬에서 한 발짝도 나오지 않은 채로요.

1232년 12월 16일, 살리타이는 지금의 용인 지역인 처인성으로 향하고 있었어요. 처인성이 교통의 요지였기 때문에 이곳을 반드시 차지하려고 했지요.

몽골군이 처인성에 도착한 이때,

몽골의 2차 침략 경로 ↑

어디선가 획 하는 소리와 함께 화살이 날아들었어요. 그 화살은 살리타이를 향했지요.

"으윽!"

화살은 살리타이를 정확히 파고들었어요. 화살을 쏜 사람은 고려의 승려, 김윤후였어요. 권황제라 불리며, 두 번에 걸쳐 고려 땅을 짓밟았던 살리타이가 김윤후의 화살에 죽음을 맞이했습니다.

총사령관의 갑작스러운 사망에 당황한 몽골군은 달아나기 시작했어요. 그렇게 처인성 전투는 고려의 승리로 막을 내렸지요.

↑ 오늘날 남아 있는 처인성 터

김윤후와 함께 처인성을 지킨 또 다른 이들이 있었어요. 바로 처인부곡 사람들이었어요. 처인성은 처인부곡이라는 마을에 있던 작은 토성이에요. 이곳 사람들은 대부분 농민이었는데, 고려 시대에 부곡 지역 농민들은 군현 지역에 사는 사람들과 달리 천민과 같은 대우를 받았어요. 그런 농민들과 함께 주변 지역에서 전투를 피해 온 군인들과 노비들, 승려들로 구성된 승병들이 있었지요. 고려에서 가장 힘없고 차별받던 이들이 살던 처인부곡에서 몽골군을 격퇴한 것이었어요. 백성들이 힘을 합쳐 세계 최강으로 불린 몽골군을 물리친 뜻깊은 승

처인성은 좀 작아 보이는데요?

실제로 작아요. 둘레가 400미터 정도 되는 작은 언덕 수준의 토성이에요.

리였지요. 처인성 전투의 승리를 인정받아 훗날 처인부곡은 현으로 승격되었습니다.

HTX VIP 보태기

부곡 사람이 차별 받은 이유
부곡을 포함해 향소부곡이라는 지방의 행정 구역이 있어요. 이는 신라 때부터 조선 초기까지 있었던 특수한 구역이지요. 이곳에는 주로 다른 나라에서 넘어와서 정착한 사람들이나 반역죄를 지은 사람들, 또 왕실에 필요한 특별한 물품을 만드는 사람들이 모여 살았지요. 그래서 다른 곳에 사는 사람들에 비해 많은 차별을 받았어요.

팔만대장경에 담긴 마음

살리타이의 죽음으로 후퇴했던 몽골군은 1235년 윤7월에 또다시 고려를 침략했어요.

몽골 장군 탕구타이는 4년에 걸쳐 지금의 대구, 경주 등의 고려 영토를 점령했지요. 몽골군이 지나간 곳은 말 그대로 폐허가 되었어요. 몽골군은 죄 없는 백성들을 마구 죽이거나 포로로 잡아가는가 하면 마을 곳곳에 불을 지르고 문화재를 약탈했어요. 황룡사의 9층 목탑도 이때 불에 타 버렸지요.

고려는 이런 몽골군과 10여 차례가 넘는 전투를 치르며 이기고 지기를 반복하다가 결국 1238년 겨울에 몽골에 강화를 제안했어요. 몽골은 친조, 즉 고종이 몽골 제국 황제를 직접 찾아오는 것을 조건으로 1239년 4월에 철수했습니다.

그 뒤 고려는 신안공 왕전을 왕 대신 몽골에 보냈어요. 또한 이후 몽골에서 왕의 아들을 보내라고 요구하자 또 다른 왕족인 왕준을 왕의 아들이라고 속여 몽골에 보냈습니다.

그러는 한편 나라의 위기를 불교의 힘으로 극복하고자 1236년부터 팔만대장경을 만들기 시작했어요. 고려가 거란의 침입을 물리치고자 처음 만든 초조대장경이 대구 부인사에 있었지만, 몽골의 2차 침략으로 모두 불타 버렸거든요.

합천 해인사에 있는 팔만대장경

HTX VIP 한국사 보태기

팔만대장경 만드는 과정

고려는 강화도에는 대장도감을, 남해에는 분사대장도감이라는 임시 관아를 설치해서 대장경을 새기기 시작했어요. 팔만대장경은 어떤 과정을 거쳐 만들어졌을까요?

1 각지에서 자작나무와 후박나무를 가져와 뒤틀림이 없도록 3년 동안 바닷물에 담가 놓았어요.

2 바닷물에서 나무를 꺼내 판 모양으로 잘라요. 그런 다음, 대패로 매끈하고 곱게 다듬었어요.

3 잘 다듬어진 나무판 위에 붓으로 불경을 썼어요. 그리고 글자를 하나하나 조각했어요.

4 경판에 옻칠을 해서 방부 처리한 다음, 뒤틀리지 않게 귀퉁이에 각목을 댄 뒤, 안전한 곳에 보관했어요. 이렇게 만들어진 팔만대장경은 현재 합천 해인사에 잘 보존되어 있어요.

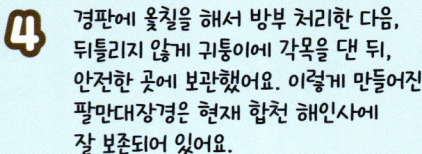

1236년부터 시작해 1251년까지 긴 세월 동안 대장경을 목판에 새겼지요. 팔만대장경을 만드느라 수많은 백성이 피땀을 흘렸습니다. 산에 올라가 나무를 베고 운반하는 일에 동원된 백성만 무려 8만에서 12만 명이었다고 해요. 또 팔만대장경에 새겨진 글자 수는 무려 5,200만여 자에 이르렀어요. 숙련된 솜씨가 있는 한 사람이 하루 평균 40자를 새긴다고 할 경우, 여기에 동원된 연인원만 약 130만 명이 된다고 해요. 최이, 최항 같은 당대의 최고 권력자들도 개인 재산을 들여서 조판 사업에 참여했어요. 그렇게 만든 팔만대장경에는 평화롭게 살고자 하는 고려 백성들의 간절한 소망이 담겨 있지요.

　이러한 바람에도 불구하고 몽골군은 또다시 침략해 왔어요. 고려가 몽골에 강화를 제안하면서 3차 침략은 막을 내렸지만, 그것으로 끝이 아니었어요. 오고타이 칸에 이어 귀위크 칸이 즉위한 뒤, 몽골은 고려가 약속을 지키지 않는다며 장군 아모간에

 **HTX VIP 보태기**

팔만대장경의 다른 이름
팔만대장경은 경판의 수가 8만 1,258매에 달해서 팔만대장경이라고 불러요. 경판을 가로로 눕혀 쌓으면 백두산 높이에 가깝다고 할 만큼 그 양이 어마어마하지요. 한편 팔만대장경은 몽골의 2차 침략으로 불타 버린 대장경을 다시 만든 것이라 하여, 재조대장경이라고도 부릅니다.

게 군사를 주어 고려를 침략하게 했어요. 그러던 중 1248년에 귀위크 칸이 죽고 후계자 문제로 몽골 제국 안이 시끄러워지자 고려는 또다시 강화를 제안했어요.

"몽골군이 먼저 철군을 한다면 꼭 몽골을 찾아가겠소. 이번엔 진짜요!"

몽골군은 이를 받아들이며 철군했어요. 몽골의 4차 침략도 이렇게 막을 내렸지요. 그해 11월에 최우가 죽고, 뒤를 이어 최항이 권력을 쥐었어요.

귀위크 칸이 죽은 뒤 새로 왕이 된 몽케 칸은 1251년에 사신을 보내서 고려의 왕이 직접 몽골로 와서 항복하라고 했어요. 또 출륙 환도, 즉 고려 왕은 강화도에서 나와 개경으로 수도를 다시 옮기라고 강력하게 요구했지요.

하지만 고려는 강화도에서 나오지 않았어요. 출륙 환도를 하게 되면 무신 정권이 무너질 우려가 있었거든요. 결국 몽골은 고려가 약속을 지키지 않는다면서 다시 쳐들어왔지요. 5차 침략이었어요.

1253년 7월, 몽케 칸은 예케 장군에게 군사 1만 명을 주며 고려로 보냈어요. 몽골의 1차 침략 이후 무려 22년이나 지났지만, 참혹한 전쟁은 도무지 끝날 기미가 보이지 않았습니다.

몽골군은 부대를 나누어 계속 남쪽으로 진격하며 단숨에

충북 지역까지 내려왔어요. 몽골군은 더욱더 잔인해져서는 점령하는 곳마다 마을 사람들을 닥치는 대로 죽이고 약탈했지요. 얼마나 참혹했는지, 한번은 이런 일도 있었어요. 고려 문신 박항은 전쟁 중에 부모님이 계신 곳이 몽골군에 함락되었다는 소식을 듣고 부모님의 시신이라도 찾기 위해 고향을 찾아갔어요. 그런데 시체가 산같이 쌓여 있어서 부모님과 비슷한 얼굴을 모두 거두어 보니 그 수가 300여 구나 되었다고 해요.

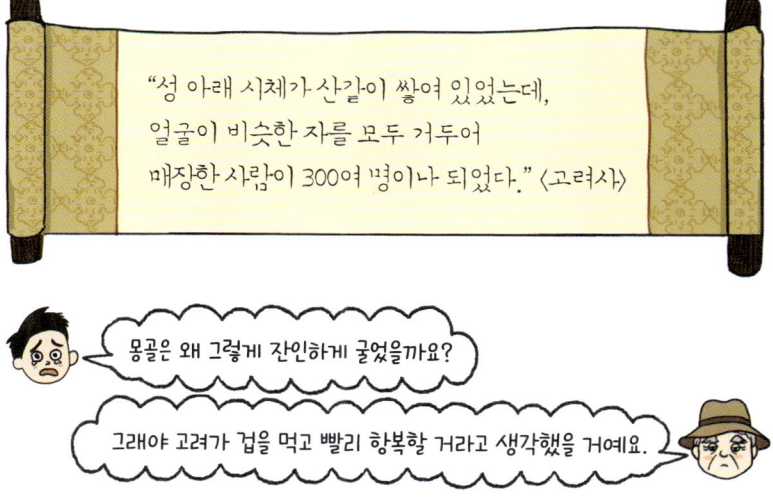

"성 아래 시체가 산같이 쌓여 있었는데, 얼굴이 비슷한 자를 모두 거두어 매장한 사람이 300여 명이나 되었다." 〈고려사〉

몽골은 왜 그렇게 잔인하게 굴었을까요?

그래야 고려가 겁을 먹고 빨리 항복할 거라고 생각했을 거예요.

1253년 10월, 몽골군은 충주성까지 내려와 포위하기 시작했어요. 충주는 경상도로 가는 길목이기 때문에, 고려는 반드시 이곳에서 몽골군을 막아야만 했어요. 이곳을 점령당하면 전국이 몽골 손에 들어가는 건 시간문제였어요.

충주성은 김윤후가 지키고 있었어요. 2차 침략 때 살리타이를 화살 한 방으로 죽인 그 승려 김윤후였지요. 그때의 공을 인정받아 충주성의 지휘관이 된 거예요. 충주성 전투는 무려 70일 동안 계속되었어요. 김윤후와 성안 사람들은 처인성 전투 때처럼 온 힘을 다해 싸웠어요.

몽골군은 충주성 앞에서 한 발짝도 나아가지 못했어요. 하지만 충주성 사람들도 점차 지쳐 갔어요. 식량과 무기도 동나기 시작했지요. 김윤후는 고민에 빠졌어요. 이 상태로 계속 전투를 치르면 질지도 모른다고 생각했죠. 김윤후는 특단의 대책을 세우고는 노비와 백성을 불러 모았어요. 여기서 퀴즈!

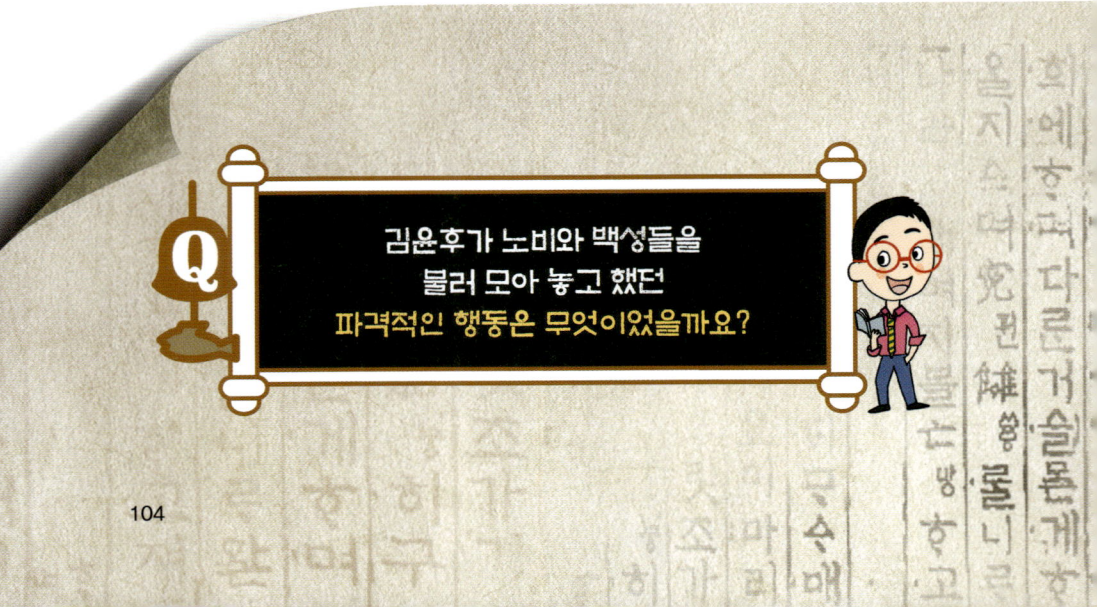

Q 김윤후가 노비와 백성들을 불러 모아 놓고 했던 파격적인 행동은 무엇이었을까요?

"적 앞에서 물러서는 자는 가만두지 않겠다!" 하고 강하게 몰아붙였을까요?

 이미 지칠 대로 지친 마당이라 그런 건 소용이 없었을 것 같아. 난 반대로 상을 주겠다고 했을 것 같은데?

 나도 상을 준다는 데에 한 표! 그런데 어떤 상을 준다고 했을까? 노비에게 가장 큰 상이라면…….

 몇십 년 먹을 밥을 제공해 준다고 했나?

 정답! 열심히 싸우면 노비에서 벗어나게 해 주겠다고 약속하는 거예요.

 마이클이 맞혔네요! 김윤후는 군사와 민초, 노비까지 한데 모아 놓고는 노비 문서를 불에 태웠어요.

 몽골군과 죽기를 다해 싸워 공을 세운다면 귀천을 가리지 않고 모두 관직을 줄 테니, 나를 믿고 싸우라고 했지요.

 그 정도면 싸울 힘이 났겠는데요!

김윤후의 특단의 대책 덕분에 군사들과 백성들의 사기는 하늘을 찔렀어요. 모두 죽음을 무릅쓰고 몽골군에 맞서 싸웠지요. 그러자 몽골군은 그 기세에 당황하며 결국 충주성을 포기하고 말고삐를 돌렸어요. 다시 한번 민초들의 힘으로 성을 지켜 냈습니다.

이후 김윤후는 충주성 전투에서 세운 공을 인정받아 높은 관직을 받게 되었어요. 충주성 사람들 역시 노비, 천민 할 것 없이 모두 관직을 받았지요.

물론 몽골군은 쉽사리 물러가지 않았어요. 하지만 전쟁이 길어질수록 몽골군도 힘에 부쳤어요. 결국 몽골군은 강화도에 사신을 보내 협상하기 시작했습니다.

몽골은 전쟁을 끝내는 대가로 크게 세 가지를 요구했어요. 첫 번째는 고려에 다루가치를 두라는 거였어요. 다루가치는 몽골 관리로, 다루가치를 통해 몽골에서 고려의 내정에 간섭하려고 한 것이지요. 두 번째는 고려를 지키는 성곽을 모두 허물라는 것이었어요. 몽골군이 침략할 때마다 고려 사람들이 성에 들어가서 싸우는 것이 못마땅했던 거예요. 고려가 아예 공격하지 못하도록 뿌리를 뽑겠다는 뜻이었어요. 마지막 세 번째는 몽골군 1만 명을 고려에 주둔시키라는 것이었어요. 고려를 확실하게 몽골의 통제 아래 두겠다는 것이었지요.

　고려도 더 이상 전쟁을 이어 갈 힘이 없었기 때문에 왕은 강화도에서 나와 몽골 사신을 맞이했어요. 그리고 몽골군의 철수 요구 조건을 받아들이겠다고 약속했지요.

　그러자 1254년 1월에 몽골군은 본국으로 되돌아갔어요. 그렇게 5차 여몽 전쟁은 마무리되었습니다.

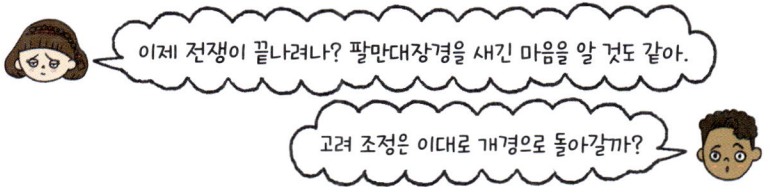

6차 침략과 무오 정변

그 뒤, 몽골은 계속해서 고려에 출륙 환도를 요구했어요. 그런데 고려는 일단 알겠다고 하고는 차일피일 미루었어요.

고려가 출륙 환도를 계속 미룬 이유
출륙 환도를 한다는 것은 몽골에 대한 항전을 그만둔다는 뜻이에요. 그래서 몽골에 강경 정책을 썼던 최항은 받아들이기 어려웠어요. 또 고려 왕이 몽골에 가서 전쟁을 끝낸다면, 몽골 제국의 황제에게 인정받은 왕의 권위가 더욱 높아져, 무신들의 입지가 약해질 수 있었어요.

결국 5차 여몽 전쟁이 끝난 지 반년도 채 되지 않은 1254년 7월, 자랄타이가 몽골군을 이끌고 다시 고려를 공격해 왔어요. 몽골은 이번에야말로 완벽한 항복을 받아 내겠다는 의지로 더욱 잔인하게 고려 땅을 공격했어요. 또 수군을 동원해 강화도까지 공격하려 했지요.

몽골군은 충주에 있는 다인철소를 집중적으로 공격했어요. 다인철소는 철 생산지여서 이곳에서 전쟁에 필요한 칼, 창, 화살촉 등 각종 무기는 물론 기술자들까지 얻을 수 있었거든요. 하지만 다인철소 사람들은 자신들이 만든 철제 무기를 손에 쥐고 필사적으로 저항해 몽골군을 물리쳤지요.

진주까지 내려갔던 몽골군은 몽케 칸의 급작스러운 명령으로 개경으로 돌아왔어요. 이 5개월 사이에 고려가 입은 피해는 어느 때보다 심각했다고 해요. 몽골군이 지나간 땅은 모두 잿더미가 되었어요. 1255년에 대구 공산성에 모여든 피란민들은 먹을 것이 떨어져 굶어 죽었는데 그 시신이 골짜기를 메웠을 정도로 당시 민초들의 생활은 처참했어요.

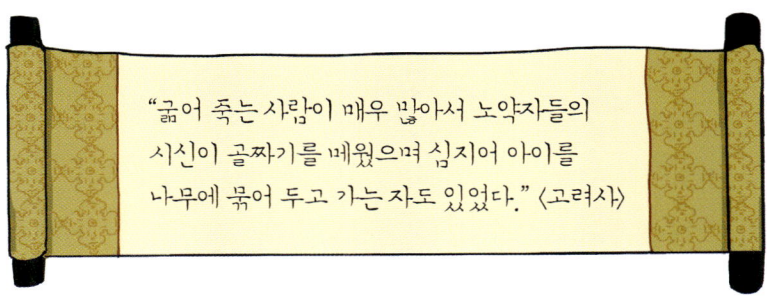

"굶어 죽는 사람이 매우 많아서 노약자들의 시신이 골짜기를 메웠으며 심지어 아이를 나무에 묶어 두고 가는 자도 있었다." 〈고려사〉

6차 침략 이후에는 몽골군이 고려 땅에 계속 주둔해 있었기에 늘 전쟁 속에 있는 것이나 마찬가지였어요. 몽골군은 크고 작은 공격을 끊임없이 했지요.

또한 몽골군은 강화도에 상륙하려는 시도를 여러 차례 했어요. 그때마다 고려는 온 힘을 다해 막아 냈지요. 그사이 최항이 죽고 최의가 집권하게 되었어요.

전투가 끝없이 계속되던 어느 날, 충격적인 사건이 발생했어요. 1258년, 고종 45년이 되던 해에 최의가 부하들에게 살해당한 거예요. 유경, 김준 등이 최씨 정권을 무너뜨려 버렸지요. 오랜 세월 최씨 정권의 독재 정치에 불만이 쌓인 데다가 여몽 전쟁을 끝내고 싶다는 여론이 커지면서, 계속해서 싸울 것을 주장하는 최의를 없애기에 이른 거예요. 무오년에 일어난 정변이라고 해서 이를 무오 정변이라고 해요. 그 뒤 김준이 정권을 잡았지요.

고려가 이렇게 혼란한 틈을 타 몽골군은 강화도 주변을 집중적으로 공격했어요. 강화도는 완전히 고립되었지요. 조정에서는 전쟁을 끝내자는 여론이 더욱더 힘을 얻기 시작했어요. 또한 몽골도 강화 조건을 조금 완화했어요. 그간 몽골은 고려왕이 직접 몽골로 와서 항복할 것을 요구했어요. 하지만 이제는 왕이 늙고 병들어 오기 어렵다면 왕 대신 태자가 와도 좋다고 했지요.

민심도 예전 같지 않았어요. 전쟁 때마다 적극적으로 싸움에 임했던 백성들도 30여 년간 이어진 전쟁에 지쳐 버렸지요. 또 섬에 숨어 지내며 목소리만 크게 낼 뿐 제대로 싸우지 않는 지배층에 대한 불만도 커져 갔어요.

결국 1258년 12월, 고려 조정은 몽골의 모든 요구를 수락하고 개경으로 수도를 옮길 것을 약속했어요. 그리고 1259년 4월, 고려 태자는 몽케 칸을 만나 강화를 요청하기 위해 몽골로 갔어요. 그러나 만남이 이루어지기 전인 8월에 몽케 칸이 사망하고 맙니다. 이후 태자 일행은 몽케 칸의 동생으로, 칸이 되기 위해 다른 형제와 경쟁하고 있던 쿠빌라이를 만났어요. 둘 사이에 강화가 논의되면서 여몽 전쟁은 막을 내렸고, 이듬해인 1260년에 두 사람은 각각 고려와 몽골에서 왕과 칸의 자리에 오르게 됩니다.

고려와 강화를 한 쿠빌라이 칸

 쿠빌라이를 만났던 태자는 고종의 뒤를 이어 원종이 되었지요. 그런데 전쟁이 끝나고, 약속한 대로 개경으로 돌아가야 했지만 고려 조정은 한동안 계속 강화도에 머물렀어요. 무신 집권자 김준의 반대 때문이었어요. 조정은 여전히 혼란스러웠습니다.

 1268년, 임연이 김준을 살해하고 새 권력자가 되었어요. 이듬해 6월, 임연은 자신을 경계하는 원종을 폐위하고 원종의 동생을 새 왕으로 내세웠지요. 그러나 얼마 못 가 몽골의 압력으로 원종이 다시 왕위에 올랐고, 임연 역시 병으로 세상을 떠났어요.

뒤를 이은 임유무 역시 강화도를 떠나는 것을 반대했지만, 몽골의 힘과 변화한 상황을 확인한 다른 무신 세력들에 의해 제거되었어요. 그것을 끝으로, 1270년 무신 정변이 일어난 지 100년 만에 무신 정권은 막을 내렸습니다. 그와 동시에 몽골과 강화를 맺은 지 10년 만에 고려는 개경으로 수도를 다시 옮겼지요.

긴 전쟁이 끝난 뒤

여몽 전쟁 이후 1271년, 몽골은 새로운 나라 이름으로 '대원', 즉 원이라는 이름을 사용했습니다. 원나라는 전쟁 후에도 진도와 제주도에서 계속 싸운 삼별초를 진압하면서 본격적으로 고려 내정에 간섭했어요.

전쟁 후에도 고려 백성들의 삶은 크게 나아지지 않았어요. 고려 지배층은 여전히 백성들의 토지를 **빼앗고**, 막중한 세금을 매겼지요. 또 원나라에 보내야 하는 막대한 공물까지 백성들이 짊어져야 했어요. 힘에 부친 나머지 백성들은 노비가 되거나,

삼별초, 끝까지 싸우다

여몽 전쟁 동안 가장 열심히 싸웠던 군대로 삼별초가 있어요. 삼별초는 최우가 조직한 야별초를 발전시킨 부대예요. 그들은 개경으로 돌아가는 것을 반대하며 계속 싸웠지요. 삼별초를 더 살펴보아요.

전쟁이 끝난 후, 왕은 무신 정권의 군대였던 삼별초에 해산하라고 명령했지만, 삼별초는 왕의 명령을 따르지 않았어요.

몽골은 또 쳐들어 올 테니 끝까지 싸워야 합니다!

삼별초의 우두머리인 배중손은 현종의 8대손인 왕온을 왕으로 받들고 진도로 이동해서는 용장사를 고쳐 궁궐을 만들고 새로운 정부를 세웠어요.

용장사로 가자!

고려 조정은 몽골군과 연합해 진도를 여러 번 공격했지요. 결국 1271년에 몽골군의 공격으로 배중손이 사망해요.

뒤를 이은 김통정은 남은 무리를 이끌고 제주로 가 항전했지요. 하지만 1273년에 김통정과 그를 따르던 사람들은 스스로 세상을 떠났어요.

끝까지 싸우고자 했건만…….

↑ 삼별초의 배중손이 진도에 쌓은 남도진성

살던 곳을 떠나 떠도는 유민이 되기도 했지요.

게다가 30여 년에 걸쳐 전쟁을 치르는 동안 몽골로 끌려간 사람은 20만 명이 넘었어요. 이들의 삶도 무척 고달팠지요.

여몽 전쟁은 비록 고려의 패배로 끝나긴 했지만, 당시 세계 최강의 군대였던 몽골에 맞서 이렇게 오래 버틴 나라는 전 세계에서 고려와 지금의 베트남 정도밖에 없어요. 고려가 이토록 강력하게 몽골에 대항할 수 있었던 힘은 어디에서 왔을까요? 바로 백성들에게서 왔지요. 백성들은 긴 시간 동안 고통스러운 전쟁에 내몰렸는데도, 포기하지 않고 온몸을 던져 나라를 지켜 냈습니다.

생명력이 질긴 잡초에 비유해 백성을 민초라고도 하는데, 고려 백성들은 그야말로 민초였어요. 짓밟으면 다시 일어나고, 또다시 일어나고, 전쟁의 참혹함을 견뎌 내고 또 견뎌 내며, 싸우고 또 싸웠지요.

권력 투쟁에만 힘을 쏟으며 나랏일을 소홀히 하던 무신 정권 아래에서도 고려라는 이름을 온전히 지킬 수 있었던 것은 민초들의 피가 서린 투쟁 덕분이었습니다.

"교수님은 이번 여행이 어떠셨나요?"

한 쌤이 매직 윈도 작동 버튼을 누르며 말했어요.

"새삼 고려 백성들이 참 대단하다는 생각이 들었어요. 30여 년이 넘는 긴 세월 동안 왕과 지배층도 나 몰라라 하는 고려 땅을 목숨 걸고 지켜 냈으니까요. 그것도 세계 최강 몽골군을 상대로 말이에요."

고 박사님은 감동이 컸는지 눈가가 촉촉해졌어요. 그러자 여주도 슬픈 드라마를 본 것처럼 훌쩍였어요.

"나라가 지켜 주지 못한 백성들을 생각하니 너무 마음이 아파요."

만세가 씩씩대며 말했어요.

"전 무신 정권만 생각하면 화가 나요. 아니, 정변을 일으켜서 정권을 잡았으면 나라를 더 잘 다스려야지, 그게 뭐예요? 백성들은 보살피지도 않고 섬에 숨어 있잖아요. 쫓기듯 간 섬에서조차 사치를 부리고 말이에요. 무신들이면 전쟁에 더 적극적이어야 하지 않나요? 싸움도 못 하고 정말 무늬만 무신인가 봐요."

화가 난 만세의 등을 토닥이며 마이클이 말했어요.

"진정해, 만세야. 그런데 나도 화가 나긴 마찬가지야. 강화도에서 한 발짝도 나오지 않고, 백성들을 제대로 지켜 주지도 못하고, 몽골에는 납작 엎드리기만 하고. 무신 정권은 정말 너무했어!"

마이클은 열이 나는지 손으로 연신 얼굴에 부채질을 했어요. 한 쌤도 안타까워하며 말했어요.

"무신들은 문신들의 차별 대우에 불만을 품고 칼로 권력을 차지했어요. 하지만 그들 또한 고려 사회를 바람직한 방향으로 이끌지 못했지요."

이때 고 박사님이 한 가지 질문을 던졌어요.

"만약 고려 조정이 더 적극적으로 여몽 전쟁을 이끌었다면 어땠을까요?"

그러자 마이클이 대답했어요.

"백성들이 그토록 오랜 시간 동안 고통을 겪지 않아도 되었을지 몰라요. 침략 때마다 정말 큰 피해를 입었잖아요."

고 박사님이 설명했어요.

"맞아요. 여몽 전쟁을 치르는 동안 백성들은 너무나 큰 고통을 받았지요. 하지만 그럼에도 물러서지 않고 전쟁터로 나갔어요. 최씨 정권에서는 몽골군이 쳐들어오면 산성이나 섬으로 피신하라는 명령만 내렸지만 백성들은 몸을 사리지 않고 맞서 싸웠지요. 내 가족, 내 나라를 지키겠다는 일념으로요."

한 쌤도 덧붙였어요.

"몽골과의 전쟁은 강화도에 있던 지배층이 주도한 것이 아니었어요. 위기에 놓인 나라를 구하기 위해 농민들이나 천민들이 스스로 일어났지요."

아이들은 고개를 끄덕였어요.

"여몽 전쟁의 진적한 주인공이자 승자는 백성들 같아요!"

"맞아요. 무신 정권에 아쉬움이 큰 만큼 고려 민초들의 위대함도 더 크게 느껴지고요."

한 쌤이 빙긋 웃으며 말했어요.

"자, 그럼 고려 민초들에 감사하며 이번 여행을 마무리해 볼까요? 다음 한국사 여행을 기약하며 모두 안녕!"

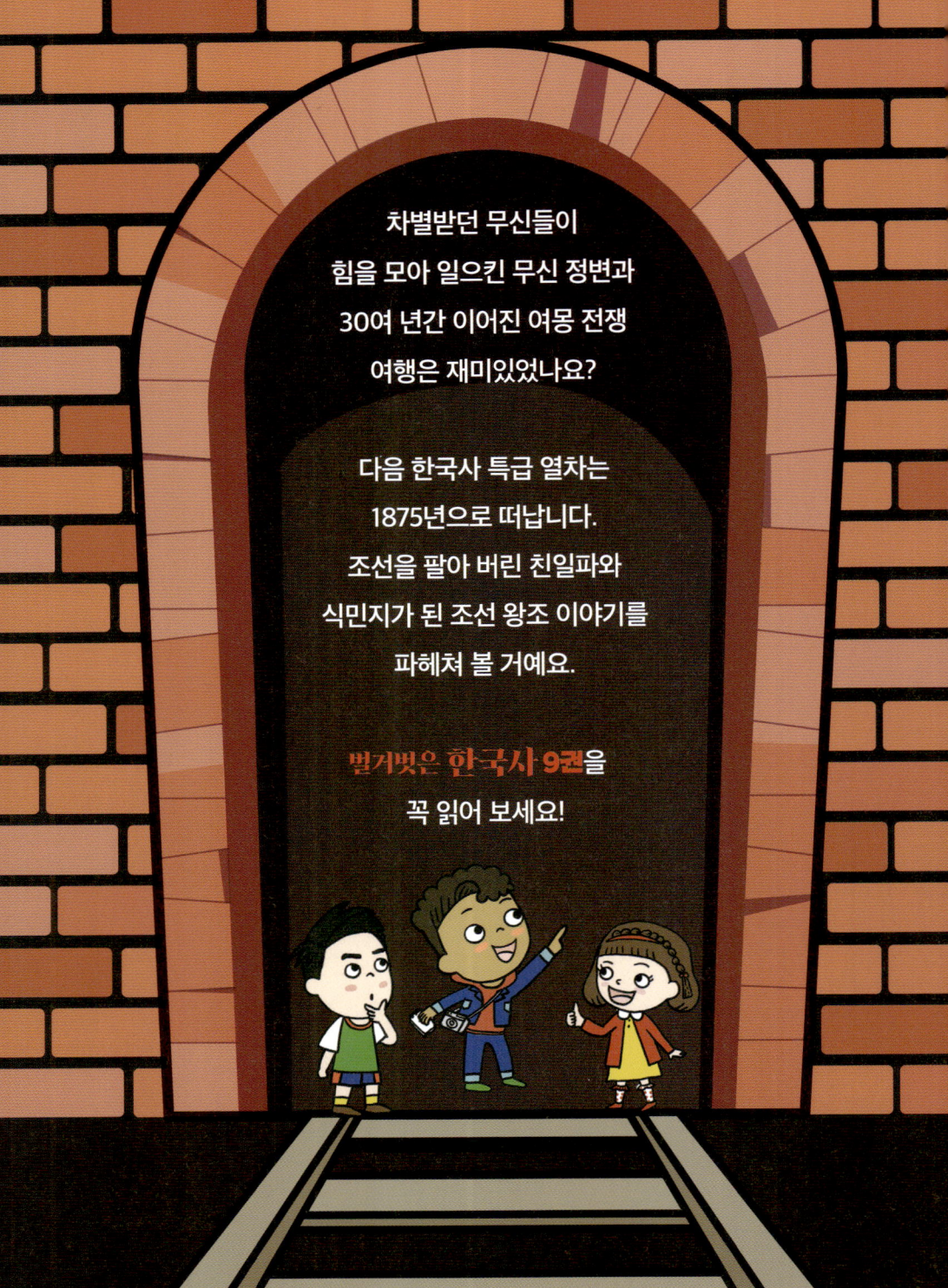

역사 정보

❶ 시대 배경 살펴보기
❷ 인물 다르게 보기
❸ 또 다른 역사 인물들

◈ 주제 마인드맵 ◈

벌거벗은 한국사 퀴즈

◈ 무신 정변 편
◈ 여몽 전쟁 편
◈ 정답

100년간 지속된 무신 정권과
30여 년간 지속된 여몽 전쟁

무신들이 정권을 장악한 무신 정권기는 1170년부터 1270년까지 100년 동안 이어졌어요. 그동안 백성들의 삶은 이루 말할 수 없이 피폐해졌어요. 거기에 강대국 몽골의 침략까지 받아야 했지요. 혼란했던 당시 고려 안팎의 정세를 살펴볼까요?

권력 유지에 급급한 무신 정권

무신 정권의 집권자들은 사설 정치 기관인 정방이나 권력 기관인 교정도감 등을 설치해서 왕보다 더한 권력을 휘두르며 독재 정치를 했어요. 또한 도방 같은 사병 집단을 만들어서 정권을 유지하는 데 급급했지요.

백성들의 토지를 빼앗는 일도 많았어요. 백성들은 막대한 세금을 감당하지 못해 점점 가난해졌어요. 그래서 무신 정권기에는 전국 곳곳에서 민란이 끊임없이 일어났어요. 백성들은 무신 정권에 반대하기도 했고, 신분 해방을 주장하기도 했어요. 또 농민들에 대한 처우를 개선해 달라고도 주장했지요.

칭기즈 칸의 몽골 제국

고려가 이렇듯 혼란을 겪을 당시, 중국의 상황은 어땠을까요? 중국에서는 금나라의 지배를 받던 거란족이 금나라가 약해지자 반란을 일으켰어요. 하지만 그런 거란족은 몽골군에 쫓겨 1216년 8월에 압록강을 건너 고려를 침략했지요. 그러자 고려군은 몽골군과 힘을 합해 거란족을 물리치고 형제의 맹약을 맺게 됩니다.

하지만 1231년에 몽골의 침입이 시작되었어요. 당시 몽골은 칭기즈 칸이 중앙아시아를 평정하고 대제국을 건설하는 중이었어요.

무신 정권은 몽골이 침입하자, 1232년에 수도를 개경에서 강화도로 옮기고 30여 년간 항전했어요. 지배 계층이 강화도로 피신해 있는 동안, 여러 차례 고려를 침입한 몽골군을 막아 낸 것은 바로 백성들이었어요. 그사이 무신 정권은 몽골에 공물을 바치거나 협상과 저항을 반복하면서 근근이 버텼지요. 하지만 계속되는 몽골의 침략으로 고려는 초토화되었고, 많은 백성이 목숨을 잃거나 포로가 되고 말았어요. 결국 더 이상 버틸 수 없었던 고려는 개경으로 수도를 다시 옮기고, 몽골에 머리를 조아릴 수밖에 없었지요. 그 과정에서 무신 정권도 완전히 몰락하고 말았어요.

↑ 고려가 대포 8문을 설치해 몽골과 싸웠던 강화 갑곶돈

무신 정권의 최고 권력자이자
독재자였던 최충헌

무신 정권기에 무려 4대에 걸쳐 60여 년간 집권한
가문이 있어요. 바로 최씨 가문으로, 최충헌이 그 시작이에요.
최충헌은 왕보다 더한 권력과 사치를 누리는 한편으로 권력의 기반을
탄탄히 했지요. 그는 어떤 인물이었을까요?

최충헌의 봉사 10조

최충헌은 이의방, 정중부, 경대승, 이의민에 이어 다섯 번째로 무신 정권의 실권을 장악한 뒤, 임금인 명종에게 봉사 10조를 올렸어요. 이른바 10가지 개혁안이었지요. 최충헌은 무신 가문에서 태어난 인물로, 이의민과는 다르게 지식이 있었어요. 그래서 명종 시절 정치에 있던 문제점을 지적한 것이지요. 최충헌은 이렇게 문제를 찾아 해결책을 제시할 정도로 식견이 있는 인물이었어요. 하지만 이를 제대로 실천하지는 않았어요. 최충헌은 단지 권력 장악의 명분으로 삼을 뿐이었어요. 그래서 명종을 폐위시키고 신종을 추대한 이후에도 최충헌은 이를 실천하기는커녕 독재를 위한 속도를 더욱 높여 갔지요.

History information

첫째, 왕은 새 정전에 들어갈 것.
둘째, 무능한 관원 수를 줄일 것.
셋째, 벼슬아치들이 불법으로 빼앗은 땅을 원래 주인에게 돌려줄 것.
넷째, 세금을 함부로 거두거나 세율을 올리지 말 것.
다섯째, 지방 관리들이 왕실에 무분별하게 특산물을 진상하는 일을 금할 것.
여섯째, 승려들의 왕궁 출입을 금하고, 그들을 통한 왕실의 고리대금업을 금할 것.
일곱째, 능력 있는 지방 관리들을 등용하고 관리할 것.
여덟째, 관료들의 사치를 금하고 근검절약할 것.
아홉째, 불필요한 사찰을 줄일 것.
열째, 인물을 가려 등용하고 임금은 신하의 간언을 받아들일 것.

강력한 독재자, 최충헌

최충헌은 권력을 위해서는 거침이 없었어요. 앞선 시기의 무신들보다 더 확실하게 정적을 제거하는 한편, 곳곳에서 일어난 민란도 더 강하게 진압했어요. 살기가 힘들어 반란을 일으킨 백성들 앞에서, 최충헌은 무력을 앞세울 뿐이었어요. 그런 방식으로 반항하는 세력을 없애고 독재 정치를 해서 최씨 정권이 60년간 지속될 수 있도록 만들었지요.

바다에서 몽골군을 물리친 이천 장군

몽골군은 30여 년 동안 고려를 여섯 차례에 걸쳐 쳐들어왔어요.
6차 침입 때는 백성들이 모두 전쟁에 지친 상태였지요.
그런 가운데에서도 몽골군을 물리치고 고려 백성을 구해 낸 장군이 있어요.
바로 이천 장군이에요. 그는 어떤 장군이었을까요?

이천과 이도

몽골군은 서해안의 여러 섬을 침입해서 점령하고는 죄 없는 고려 백성들을 인질로 삼아 횡포를 일삼았어요. 그러던 어느 날, 1256년 4월에 충주 도순문사 한취가 아주(지금의 충청남도 아산시) 근처 바닷가 섬 근처에서 배 9척으로 몽골군을 공격하다가 안타깝게도 모두 전사하고 말았어요. 그러자 고종은 이천에게 몽골군을 물리치라는 명령을 내렸어요.

이천은 고려 중기의 무신으로, 시조 이도의 7대손이에요. 이도는 고려를 세운 태조 왕건과 각별한 인연이 있어요. 왕건이 후백제를 정벌하러 금강에 이르렀을 때 강물이 불어 건너지 못하고 있었어요. 그때 호족이었던 이도는 자신이 소유한 배 수백 척을 주며 강을 건널 수 있게 도와주었어요. 훗날 왕건은 배를 빌려준 이도를 개국 공신에 봉했지요.

이천의 활약

　이도가 강에서 공을 세웠다면, 이천은 바다에서 공을 세웠어요. 고종의 명을 받은 이천은 특수 잠수선 20여 척을 만들어 수군 200여 명을 거느리고는 몽골군이 점령한 아산만 해역을 기습 공격했어요. 몽골군은 기마 부대여서 바다에서 싸우는 해전에는 약했어요. 그것을 아는 이천은 해상 작전을 펼쳐서 몽골군 적장 차라대가 거느리고 있는 몽골군 수백 명을 바다에서 무찔렀어요. 그리고 인질로 잡혀 있던 고려 백성 100여 명을 구해 냈지요. 이천 덕분에 아산만과 온수현에는 간만에 평화가 찾아왔어요.

　이천은 여기에서 멈추지 않고 호남 서해안 일대에서 몽골군을 공격하여 물리쳤어요. 이에 당시 집권자였던 최항은 그의 군사에게 은 6근을 상으로 내렸다고 해요. 훗날 이천은 응양군 대장군과 지예부사라는 관직을 받았지요.

　이천의 이름은 지금도 기억되고 있어요. 1992년 10월, 우리나라는 처음으로 국산 수중 공격용 해군 잠수함을 만들었어요. 이 해군 잠수함의 이름이 바로 이천 잠수함이에요.

무신 정권과 여몽 전쟁

무신 정권기, 무신들이 왕보다 더한 권력과 사치를 누리는 동안 백성들은 하루하루 힘든 삶을 이어 갔어요. 그런 가운데 세계를 정복 중이던 강대국 몽골이 고려를 침입해 전쟁을 일으켰지요. 고려 백성들은 30여 년간 온 힘을 다해 몽골군을 막아 내며 팔만대장경이라는 찬란한 문화유산을 만들어 냈습니다.

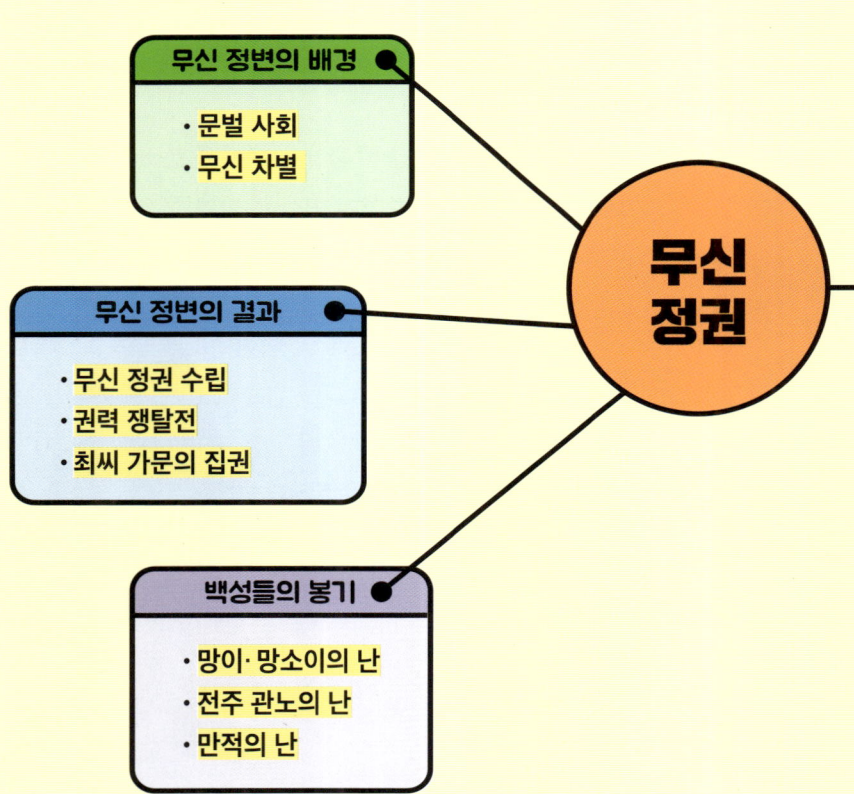

History information

여몽 전쟁

- **여몽 전쟁의 배경**
  - 칭기즈 칸의 정복 전쟁
  - 차쿠르 살해 사건

- **여몽 전쟁 발발**
  - 강화 천도
  - 귀주성 전투
  - 처인성 전투
  - 충주성 전투

- **전쟁 속에서 꽃피운 문화**
  - 팔만대장경

벌거벗은 한국사 퀴즈 무신 정변 편

한국사능력검정시험 제61회 기본 16번

 다음 상황 이후에 일어난 사실로 옳은 것은? (   )

무신 이소응이 무술 겨루기에서 이기지 못하고 달아나자, 문신 한뢰가 갑자기 이소응의 뺨을 때렸어요.

이때 왕과 문신들이 손뼉을 치며 웃었어요. 이에 차별 대우를 받으며 불만이 쌓여 왔던 무신들은 정변을 일으켜 문신들을 제거하고 권력을 장악하였어요.

① 김헌창이 난을 일으켰다.
② 장문휴가 등주를 공격하였다.
③ 최치원이 시무 10여 조를 건의하였다
④ 망이·망소이가 공주 명학소에서 봉기하였다.

 제시된 세 단계의 힌트를 종합하여 알 수 있는 기구는? (   )

1단계	고려 무신 정권기의 최고 권력 기구입니다.
2단계	임시 기구로 시작하였습니다.
3단계	최충헌이 설치하였습니다.

① 성균관　　　② 교정도감
③ 도병마사　　④ 식목도감

한국사능력검정시험 제55회 기본 14번

3 (가) 시기에 있었던 사실로 옳은 것은? ( )

① 이자겸이 난을 일으켰다.
② 묘청이 서경 천도를 주장하였다.
③ 만적이 개경에서 봉기를 모의하였다.
④ 강감찬이 귀주에서 큰 승리를 거두었다.

한국사능력검정시험 제63회 기본 11번

 (가)~(다)를 일어난 순서대로 옳게 나열한 것은? ( )

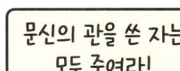

① (가) - (나) - (다)
② (나) - (가) - (다)
③ (나) - (다) - (가)
④ (다) - (나) - (가)

벌거벗은 한국사 퀴즈 여몽 전쟁 편

한국사능력검정시험 제61회 기본 15번

밑줄 그은 '그 일'에 해당하는 내용으로 옳은 것은? (   )

> 몽골군의 침략으로 부인사에 보관된 대장경판이 남김없이 불에 탔습니다. 이런 큰 보배가 없어졌는데 어찌 감히 일이 어려운 것을 염려하여 다시 만들지 않겠습니까? 이제 왕과 신하 모두 한마음으로 담당 관청을 설치하고 <u>그 일</u>을 맡아 시작할 것을 다짐합니다.

① 삼국사기 편찬
② 팔만대장경 제작
③ 직지심체요절 간행
④ 무구정광대다라니경 인쇄

한국사능력검정시험 제54회 기본 14번

다음 외교 문서를 보낸 국가에 대한 고려의 대응으로 옳은 것은? (   )

> 칸께서 살리타이 등이 이끄는 군대를 너희에게 보내 항복할지 아니면 죽임을 당할지 묻고자 하신다. 이전에 칸께서 보낸 사신 차쿠르가 사라져서 다른 사신이 찾으러 갔으나, 너희들은 활을 쏘아 그를 쫓아냈다. 너희가 차쿠르를 살해한 것이 확실하니 이제 그 책임을 묻고 있는 것이다.

① 이자겸이 사대 요구를 수용하였다.
② 서희가 소손녕과 외교 담판을 벌였다.
③ 김윤후 부대가 처인성에서 적장을 사살하였다.
④ 강감찬이 군사를 이끌고 귀주에서 크게 승리하였다.

History information

한국사능력검정시험 심화 13번

 3 몽골의 침입에 대한 고려의 대응으로 옳은 것은? (　　)

① 강감찬 장군을 보내 귀주성을 지키도록 하였다.
② 김종서 장군을 보내 6진을 개척하였다.
③ 화통도감을 설치하여 화약과 화포를 만들었다.
④ 강화도로 도읍을 옮겨 장기 항전을 준비하였다.

한국사능력검정시험 제54회 기본 14번

 4 (가)에 들어갈 문화유산에 대한 설명으로 옳은 것은? (　　)

이곳 합천 해인사 장경판전에는 고려 시대에 제작된 (가)이/가 현재까지 잘 보존되어 있습니다. 그 이유는 건물의 통풍이 잘되도록 위아래 창의 크기를 서로 다르게 하였고 안쪽 흙바닥 속에 숯과 횟가루를 넣어 습도를 조절하였기 때문입니다.

① 승정원에서 편찬하였다.
② 시정기와 사초를 바탕으로 제작하였다.
③ 현존하는 가장 오래된 금속 활자본이다.
④ 부처의 힘으로 몽골의 침입을 물리치고자 만들었다.

벌거벗은 한국사 퀴즈 정답  History information

무신 정변 편

 ④ 망이·망소이가 공주 명학소에서 봉기하였다.

 ② 교정도감

 ③ 만적이 개경에서 봉기를 모의하였다.

 ③ (나) - (다) - (가)

여몽 전쟁 편

 ② 팔만대장경 제작   ③ 김윤후 부대가 처인성에서 적장을 사살하였다.

 ④ 강화도로 도읍을 옮겨 장기 항전을 준비하였다.

 ④ 부처의 힘으로 몽골의 침입을 물리치고자 만들었다.

사진 출처

14쪽 합천 해인사 대장경판_한국민족문화대백과사전

18쪽 공민왕릉_위키미디어(Nicor)

46쪽 대쾌도_국립중앙박물관

64쪽 압록강_위키미디어(Ffggss)

66쪽 칭기즈 칸_위키미디어

68쪽 오고타이_위키미디어

90쪽 강화산성, 북문 진송루_국가유산청

91쪽 청자상감연화국화문병_국립중앙박물관 e뮤지엄

92쪽 강화 고려궁지 외규장각 전경_국가유산청

96쪽 처인성 터_국가유산청

99쪽 합천 해인사 대장경판_한국민족문화대백과사전

111쪽 쿠빌라이 칸_위키미디어(Anige of Nepal)

114쪽 진도 남도진성_한국민족문화대백과사전

116쪽 합천 해인사 대장경판_한국민족문화대백과사전

123쪽 강화 갑곶돈_국가유산청

표지 평양성 보통문_위키미디어

벌거벗은 한국사
❽ 고려를 바꾼 무신 정변과 여몽 전쟁

기획 tvN STORY 〈벌거벗은 한국사〉 제작진 | **글** 이선영 | **그림** 이효실 | **감수** 박재우·이명미

1판 1쇄 발행 | 2024년 10월 2일
1판 3쇄 발행 | 2025년 12월 1일

펴낸이 | 김영곤
프로젝트1팀장 | 이명선
기획개발 | 채현지 김현정 권정화 우경진 오지애 최지현
영업팀 | 정지은 한충희 남정한 장철용 강경남 황성진 김도연 이민재
디자인 | 박수진 **편집** | 김선아 **제작팀** | 이영민 권경민

펴낸곳 | (주)북이십일 아울북
등록번호 | 제406-2003-061호 **등록일자** | 2000년 5월 6일
주소 | 경기도 파주시 회동길 201(문발동) (우 10881)
전화 | 031-955-2145(기획개발), 031-955-2100(마케팅·영업·독자문의)
브랜드 사업 문의 | license21@book21.co.kr
팩시밀리 | 031-955-2177
홈페이지 | book21.com

ISBN 978-89-509-4306-6
ISBN 978-89-509-4298-4(세트)

Copyright©2024 Book21 아울북·CJ ENM. ALL RIGHTS RESERVED.
이 책을 무단 복사·복제·전재하는 것은 저작권법에 저촉됩니다.

*잘못 만들어진 책은 구입하신 서점에서 교환해 드립니다.
*가격은 책 뒤표지에 있습니다.

⚠ **주의** 1. 책 모서리가 날카로워 다칠 수 있으니 사람을 향해 던지거나 떨어뜨리지 마십시오.
   2. 보관 시 직사광선이나 습기 찬 곳을 피해 주십시오.

다양한 SNS 채널에서
아울북과 을파소의 더 많은 이야기를 만나세요.

인스타그램
@owlbook21

유튜브
@아울북&을파소

• 제조자명 : (주)북이십일
• 주소 및 전화번호 : 경기도 파주시 회동길 201(문발동)
  031-955-2100
• 제조연월 : 2025. 12. 01
• 제조국명 : 대한민국
• 사용연령 : 3세 이상 어린이 제품

• **일러두기** 이 책에 나오는 지명과 인명은 《표준국어대사전》을 따라 표기하였습니다.